にゃんしゃりで心のお片づけ。

マンガ・文
Jam

心が疲れてたら
部屋片づける
余裕もないわな

心が片づけば
部屋も片づく
かも？

PHP

最近、モヤモヤすることが多いな…部屋もどんどん散らかっていくし…
ハア…
バーン
来たで
え…!?誰？？？
おかーちゃんや
あなたは私の母じゃありませんよ…
リアルのおかーちゃんちゃうよ
イマジナリーオカン…
早い話、あんたの空想のオカンや…
なんで空想がドアから入ってくるの？

まぁ細かいことはええやん
いやよくないでしょ?
今日から一緒にあんたの心と部屋をお片づけや☆
話聞いてます?
……
ほな、これからちょこちょこ来るわよろしくな〜
なんで空想がドアから出ていくんだ…
バタン

はじめに

心が疲れている時って、何もやる気が起きません。
それでも日々の生活の中では、
やらなくてはいけないことが沢山あります。

でも、気分転換するのにもお金や時間がかかるし、
まず、その行動を起こすための気力がわいてこない…。
私もそんな感じで、疲れている時は何もやる気が起きませんでした。
当然、掃除や片づけなどは最初に手を抜ける部分なので、
部屋もどんどん散らかり、モノが増えていきました。

はじめまして、Ｊａｍと申します。

1年前はまさに冒頭に書いたような感じで、
私の部屋はかなり散らかり、モノで溢《あふ》れておりました。

今はその頃の3分の1くらいにモノが減り、
自分なりに住み心地のよい部屋で暮らしております。

部屋が散らかっていた頃に、
何冊も片づけの本を読んだり、ネットで色々調べたりしました。
でも、大抵は始める前に心が折れてしまいました。
だって心が疲れていると本当に何もやる気が起きないんです。

「片づけることで変われます。心がスッとします」

そう言われても、まず片づけを始める気力がないのです。
なので、これはもしかして「順番が逆なのでは？」と思いました。
心が片づいていると他のことを始める余裕や気力が出てきて、
それによって片づけを始められるんじゃないかって。

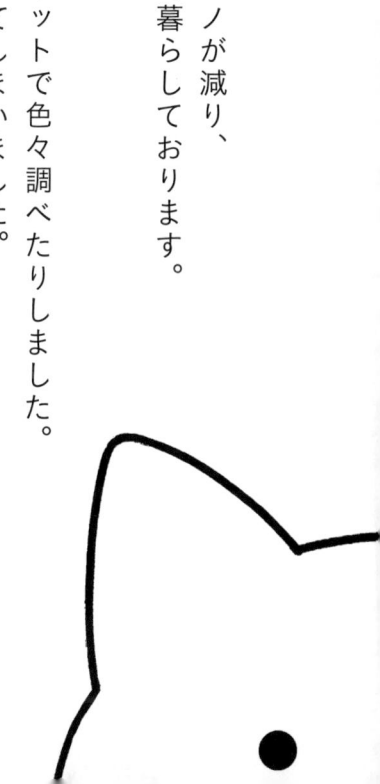

実際に、心が片づいている時に片づけを始めてみたら、
すんなりとうまくいったし、もっとやりたいと思えました。

私は心の中が散らかっていると、片づけに必要な選択ができませんでした。
捨てるモノや残すモノを選ぶ正常な判断ができないんです。
大事なモノをうっかり捨ててしまったり、
逆に、捨てるべきモノを捨てられなかったりしました。
あとは、マニュアルとしては正解なのだけれど、
自分にとってはすごく住み心地の悪い部屋にしちゃったことがありました。
自分に合わない部屋で自分に向いてない習慣を続けたらどうなるか…。
言うまでもなく…部屋は再び散らかりました（苦笑）。

この本では、モノの片づけになぞらえて、
心のお片づけをするための考え方を紹介しています。
それにより少しでも心がスッと片づいて、
実際のモノの片づけでも、自分に合った方法や、

自分らしい部屋づくりをしていただければ幸いです。

漫画の合間には、私が片づけをした際に知りたかった、
モノの捨て方なども補助的に載せています（2019年調べ）。
これは、「捨てましょう」と書かれているのを読む度に、
「その方法を教えてよ…」って思ったからです。
ゴミも心と同じように、捨て方がわからないものほど、
どんどん溜まって、散らかる原因になるんです。

この本では〝オカン〟のねこが片づけを手伝ってくれます。
人によるかもしれませんが、
厳しいことも優しいこともさらっと言えて、
時には叱ってくれる身近な存在って、私はお母さんだと思いました。

この本をお手に取ってくださった方の心のお片づけと、
部屋のお片づけのお役に立てれば幸いです。

How to clean up?

separation

第3章 残す

leave

第 **4** 章

捨てる

throw away

第5章 頼る

rely

第6章 新しくする

renew

第7章 磨く

polish

第8章 維持する

maintain

第9章

心のお片づけ

Clear up my mind

装丁：小口翔平+永井里実(tobufune)

第1章

How to clean up?

どんなお片づけをするか？

マニュアル通りじゃなくていい

部屋の片づけを始める前に…まず何冊か本を読んだんだけど…
なるほどなるほど
はじめに床に服とか本とかを全部出して…残すものを決めていくんだって
……
うん
うん
片づけ
よ〜し☆やるぞ〜
グッ
……
ゴチャ
ヒュー……
やる気メーター
散らかった…めっちゃ散らかった…
あんなぁ片づけの本ってかなり散らかった部屋向けやから
ある程度片づいた部屋の中身ぶちまけたら散らかるだけやで
自分の現状をよう見ないと

部屋を片づける時もそうですが、心を片づける時も「どんな片づけ方をするか」がとても大事だと思います。

これはよく聞かれることなのですが…、「こんな時にどうしたらいいでしょう？」。この答えって厳密に言うと人それぞれで、必ず人と同じ方法でスッとするとは限らないんです。

マニュアル通りで解決することってほぼないし、本が間違っているわけでも、同じことができない自分が悪いわけでもない。雑誌に載っているキレイな部屋や片づけの方法を見て、同じようにやっているつもりでも同じにできなくて挫折しちゃったり、キレイにしたはずなのに居心地が悪いことってありませんか？

多分、それは自分のやり方にあっていないか本当に自分が望んでいた部屋じゃないんです。気持ちも同じで、人それぞれ対処の仕方や腑《ふ》に落ちるところは違います。自分に合っているか否かが一番大事なのだと思います。

一度全部出すので間違ってはいないんだよ…
ただ、一時的でも今より散らかるとモチベーションが下がって…
うーん…
片づ
マニュアル通りに生きてるわけじゃないんやし参考にするのはええと思うけど…
自分にあったやり方見つけんとあんたの部屋の本と同じで…詰むよ

毎日続けていけるか？

掃除や片づけは毎日習慣として続けていくことが大事やねん
無理してノルマを増やすとあかんかった時に続かなくなるからね
うんうん
じゃあ…毎日使うモノだし仕事道具は必ず片づける!!
本や資料も出したままにしない！
掃除機をこまめにかける洗濯も毎日やる
水回りは常にキレイにしたいから…
その気になれば…
グッ
できるできる
ちゃんと話聞いとった？
毎日仕事しながら無理のない範囲で続けるんやで？
自分のキャパわからないって仕事だったら信用ゼロやで？

自分にとって住み心地がいいか？

部屋は心をあらわす鏡

ねえねえ
部屋をキレイにすると人生良くなるってあると思う?
生きるのが楽になるとか
運がよくなるとか…
また、えらい難しいこと聞くねえ…
せやなぁ…
確かに部屋がキレイだと気分は上がるけど…
部屋は心をあらわす鏡だから部屋をキレイにってよく言うやろ?
でもな部屋がキレイでも性格汚い奴もおるねん
汚物は消毒だ!!
は?
部屋が汚くても心がキレイな子もおるし…
めっ
も～、こんなにちらかして♥
部屋の状態だけで人生変わるとは思えへんねん
キレイな部屋が運気上げるんならおかーちゃん宝くじでも買って部屋にこもるわ
部屋を片づけたことで「自信が芽生えて人生も変えよう」はあると思うけど…
結局は本人次第
本気で変えたいなら部屋片づけるより問題に向き合った方が早く変わると思うよ

「部屋は心をあらわす鏡です」という言葉をよく聞きます。確かに気持ちが荒れたり疲れたりすると部屋は散らかっていきます。でも、部屋をキレイにすれば心の問題も解決するかといえば、それはちょっと違うと思うんです。だって「部屋が心をあらわす鏡」なら部屋がキレイな人は心もキレイで人生に何の問題もないことになってしまう。部屋をキレイにして良いことがあったとしたら、片づけられたことが自信につながったり、片づければ自分は変われるという暗示があったのだと思います。

キレイな部屋は確かに気分が良くなります。だから気力と体力がある人は片づけで良い方へ向かえると思います。でも、部屋が散らかる時って、気力も体力もないくらい落ち込んだり、忙しい時もあるんです。そんな時は無理にやるべきことのノルマを増やさず、まずは疲れていることを自覚し、心身の回復を優先するのがいいと思います。

部屋が心をあらわす鏡なら今の自分がヤバないか教えてくれてる信号やし常にキレイにできないことを許したってええねん
いつも笑顔だね～
ホッとしちゃう
いいな～
ねー
タスケテ
つらい、ムリ…
笑ってないときらわれる…
無理にキレイに見せてもな笑ってるのに中身はボロボロな人と一緒やで常にキレイかより、異常に誰も気づかないことの方がずっとヤバいんやないの？

部屋は心をあらわしている？
問題が何か見つけよう！

片づけが必要な範囲をチェック☆

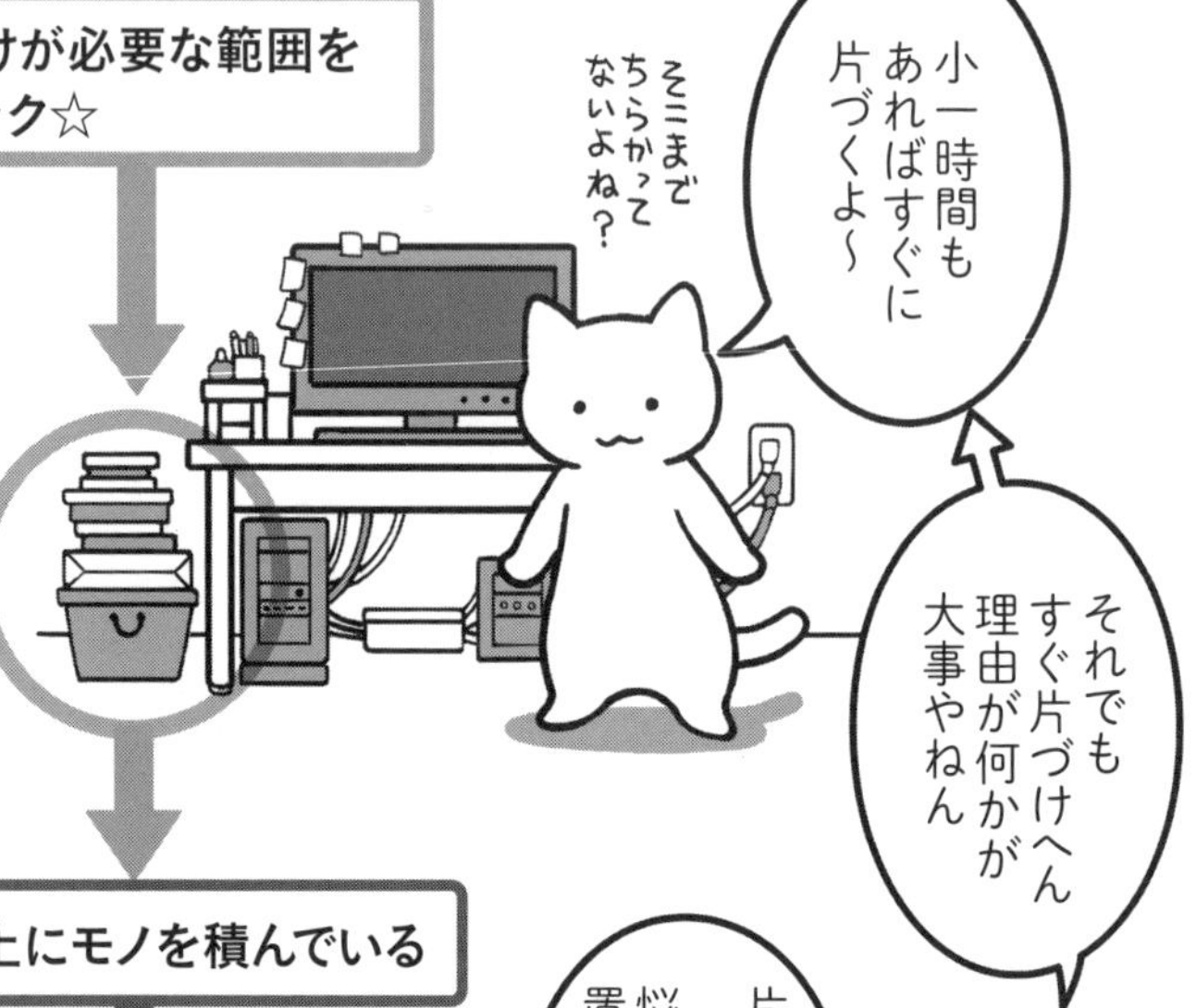
そこまでちらかってないよね？
小一時間もあればすぐに片づくよ～
それでもすぐ片づけへん理由が何かが大事やねん

チェックポイント
ケースの上に積まれた箱と本

モノの上にモノを積んでいる

下に積んだモノは使ってる？
一番下のケースの中身は？

片づかない部分＝悩みや心の問題に置き換えるんや

- 優先順位の低い問題が手つかずになっていないか？
- 表だって言えないような目をそらしたい問題がないか？

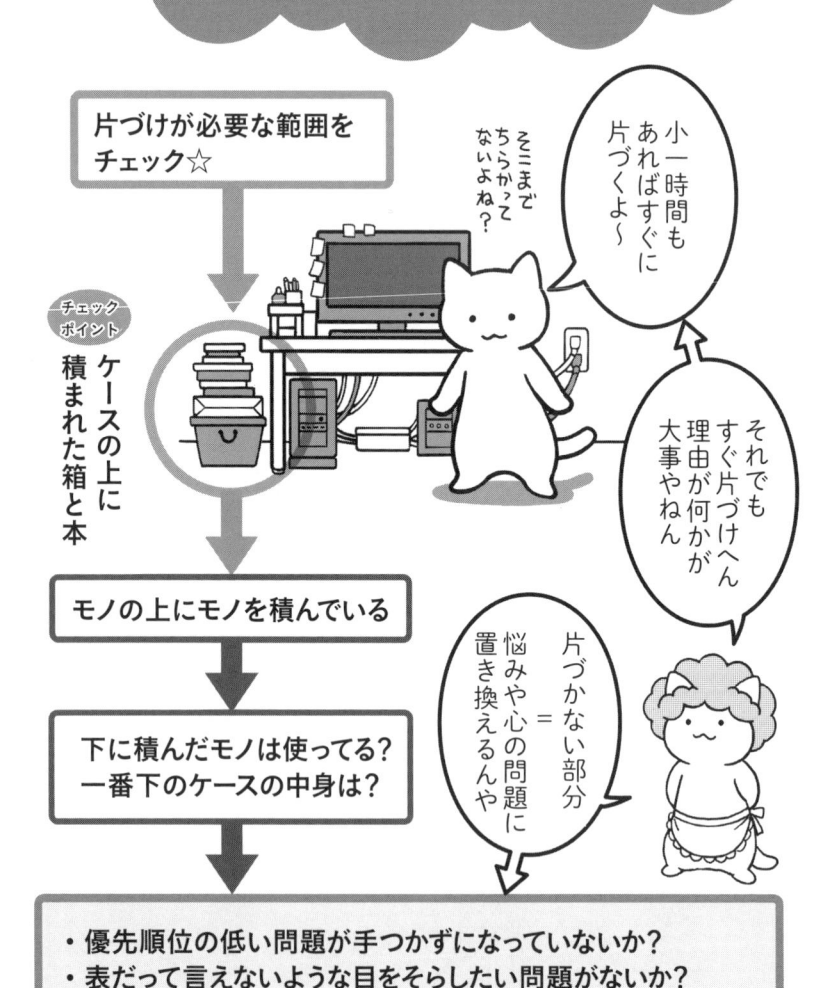

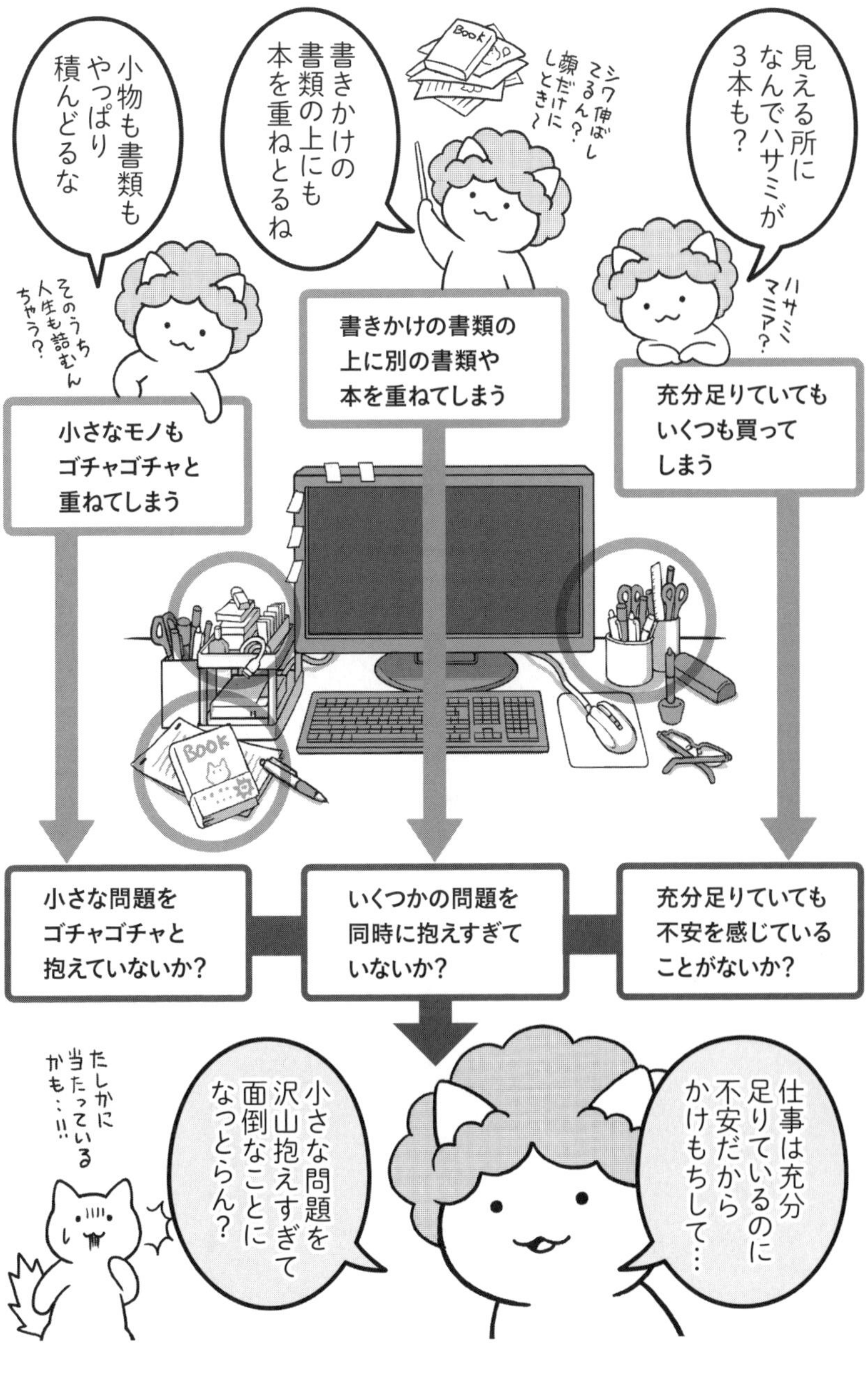

見える所になんでハサミが3本も？
ハサミマニア？
書きかけの書類の上にも本を重ねとるね
シワ伸ばしてるん？顔だけにしとき～
小物も書類もやっぱり積んどるな
そのうち人生も詰むんちゃう？
小さなモノもゴチャゴチャと重ねてしまう
書きかけの書類の上に別の書類や本を重ねてしまう
充分足りていてもいくつも買ってしまう
Book
小さな問題をゴチャゴチャと抱えていないか？
いくつかの問題を同時に抱えすぎていないか？
充分足りていても不安を感じていることがないか？
仕事は充分足りているのに不安だからかけもちして…
小さな問題を沢山抱えすぎて面倒なことになっとらん？
たしかに当たっているかも…!!

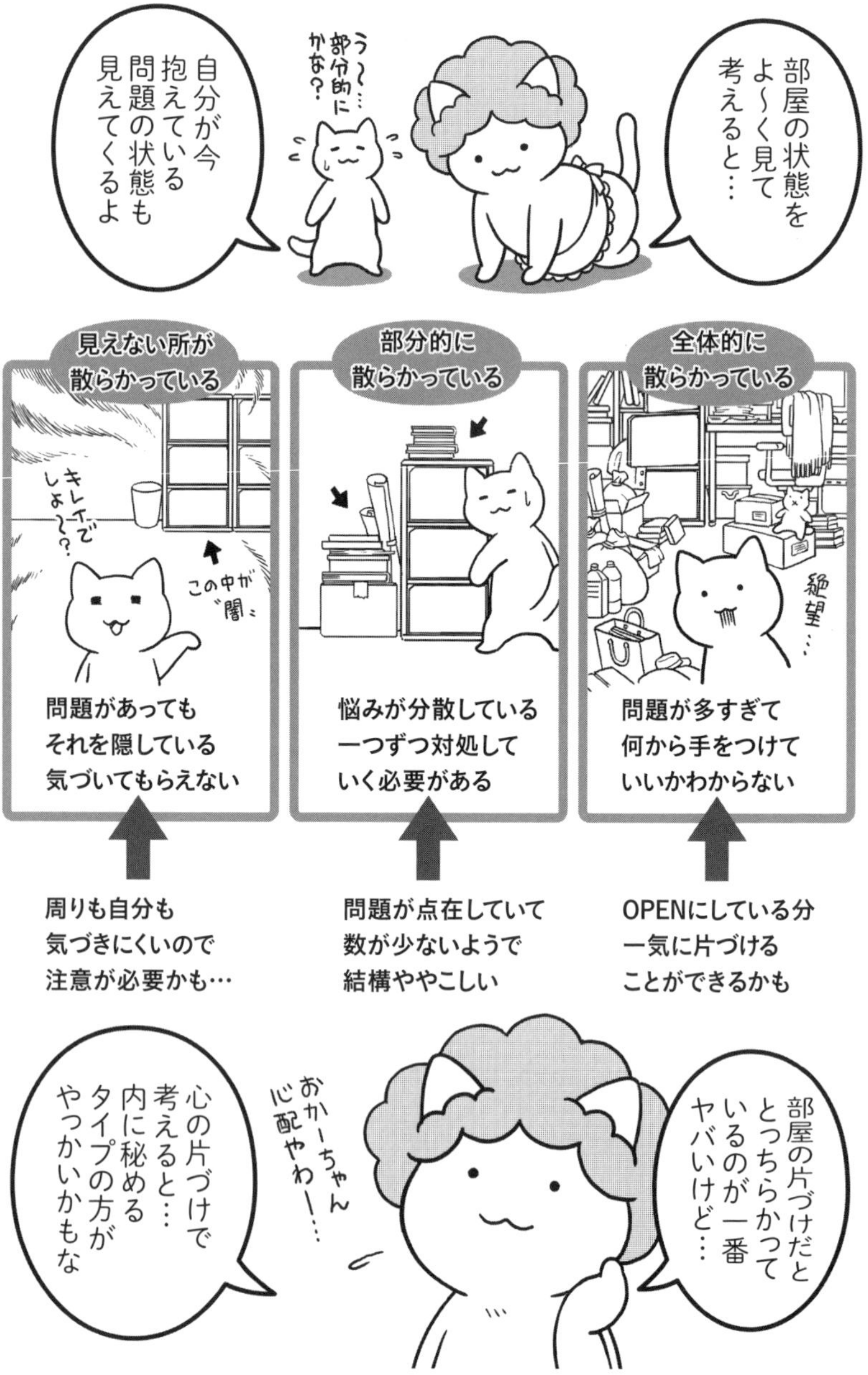
部屋の状態を よ～く見て 考えると…
う～…部分的に かな？
自分が今 抱えている 問題の状態も 見えてくるよ
見えない所が 散らかっている
キレイでしょ～？
この中が"闇"
問題があっても それを隠している 気づいてもらえない
周りも自分も 気づきにくいので 注意が必要かも…
部分的に 散らかっている
悩みが分散している 一つずつ対処して いく必要がある
問題が点在していて 数が少ないようで 結構ややこしい
全体的に 散らかっている
絶望…
問題が多すぎて 何から手をつけて いいかわからない
OPENにしている分 一気に片づける ことができるかも
部屋の片づけだと とっちらかって いるのが一番 ヤバいけど…
おかーちゃん 心配やわー…
心の片づけで 考えると… 内に秘める タイプの方が やっかいかもな

第2章

separation

分別

いるモノ、いらないモノを見極める

モノの片づけも心の片づけも、闇雲《やみくも》に始めて状況が改善することってめったにありません。「自分に本当に必要かどうか」を真剣に考えたことがなかったモノほど簡単に道を見失います。

「必要かわからない」ものは用途がわからないため、「どこに置けばいいかわからない」。だから適当な場所に置いてその場所を忘れ、片づけの度にそれを繰り返します。置き場所が変わっただけで、本当の意味で片づいたわけではないのだと思います。

心も同じで、自分にとって必要かどうか真剣に考えず、その場しのぎで切り抜けた問題は、巡り巡ってまた戻ってきたり、何度も繰り返すことが多いです。切っても切れない縁とか、実は過去に真剣に向き合うことを避けたため、きちんと切れていなかった…なんてことはないでしょうか？　モノも自分の心も真剣に見極めるって大事なことだと思います。

あんたが自分に何が必要かわかってないうちに片づけてもまた散らかるよ
あ〜…、じゃあ次からは…
なぁなぁにすると面倒な人や仕事が何度でも来るのと一緒やからね
今すぐ改めます

いるモノ・いらないモノ

「自分にとって」必要なモノ

これってやっぱりゴミかなぁ…
あんたにとって必要なら…
他人にとってゴミでも宝物やで!!

他人ではなく、自分にとって何が必要かが大事

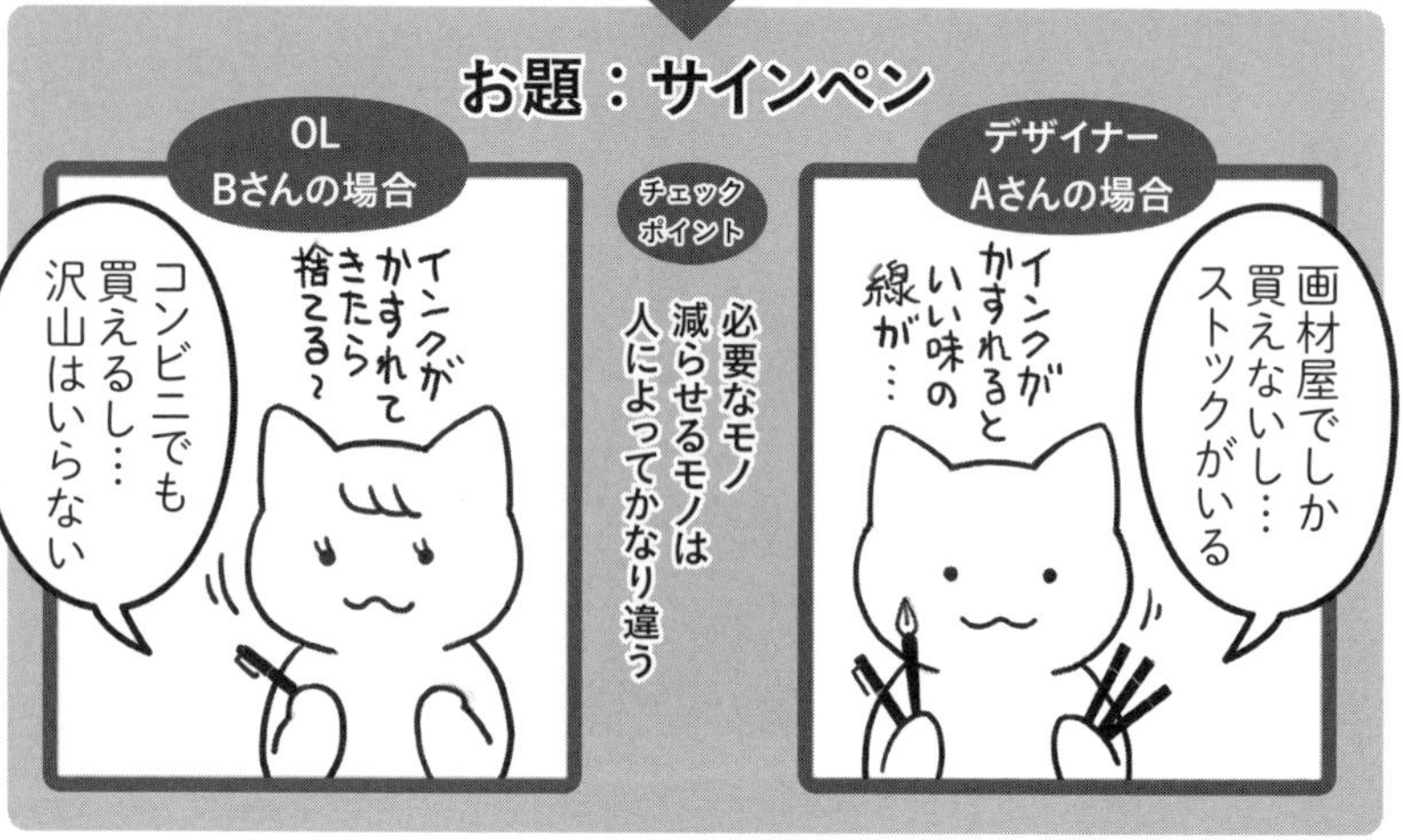
お題：サインペン
デザイナー Aさんの場合
画材屋でしか買えないし…ストックがいる
インクがかすれるといい味の線が…
チェックポイント
必要なモノ 減らせるモノは 人によってかなり違う
OL Bさんの場合
インクがかすれてきたら捨てる~
コンビニでも買えるし…沢山はいらない

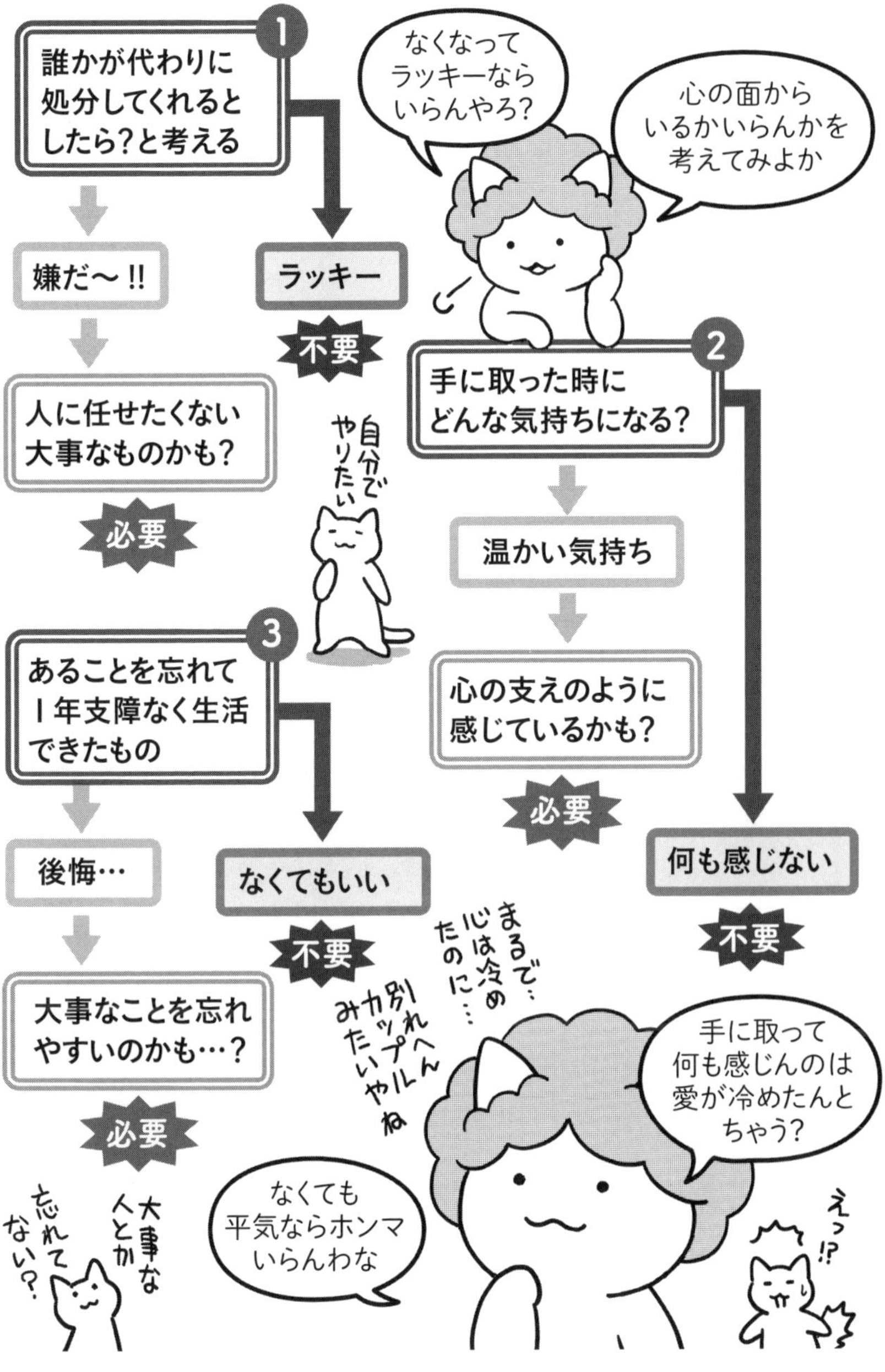
1
誰かが代わりに処分してくれるとしたら?と考える
嫌だ〜!!
人に任せたくない大事なものかも?
必要
ラッキー
不要
なくなってラッキーならいらんやろ?
心の面からいるかいらんかを考えてみよか
2
手に取った時にどんな気持ちになる?
温かい気持ち
心の支えのように感じているかも?
必要
何も感じない
不要
自分でやりたい
3
あることを忘れて1年支障なく生活できたもの
後悔…
大事なことを忘れやすいのかも…?
必要
なくてもいい
不要
まるで心は冷めたのに…
別れへんカップルみたいやね
手に取って何も感じんのは愛が冷めたんとちゃう?
なくても平気ならホンマいらんわな
えっ!?
大事な人とか忘れてない?

思い出の品

うわ〜…これ懐かしいなぁ
でも、捨てても思い出は心に残るから処分って片づけの本に…
これも捨てないと…
そんなに想いがあるならとっとけば？
それじゃあ片づかないから困っているんじゃん
ズーン
やっぱり捨てて…
あんなぁ…大事なものを捨てろって
なんや？
人に言うなら結構、無責任な言葉やで
捨てたいの？
そばに置くことで幸せなものってな…なくすと心に穴が空くんや
沢山捨てることにこだわりがちやけど楽しく暮らすための片づけだってことを忘れたらあかんよ

それでもモノが多すぎて…捨てる必要がある時はどうすれば？

捨てたくないモノ他にも沢山…

そうやね…思い出の品に限らんけど…

まず、人っていつ死ぬかわからんやん？

ボンッ…

その時に残された部屋を片づけるのは遺族か他人やん？自分、死んどるし
@pafe 家族のものです。pafeが最後に描いていた絵です。

恋人がくれたモノをメ●カリに出されるかもしれんし…故人を偲《しの》ぶ名目でSNSに黒歴史が晒《さら》されるかもやし…

ファッ？それ没にしたやつー
死んだ後のことはどうでもええなら別やけどね
新・分別基準
・死後見せられる
・見せられない
プルプル
深刻さがぜんっぜん…足りてなかったわ

モノが見つからない

いつも買った後で置いた場所を思い出して…
どこかにあるのは…
わかっているの
それはあれやね
自信がなくていざ必要な時に焦って忘れてしまうタイプや
ハサミ好きやな
どーゆーこと？
あっ
回収しまーす
テストとかで…回答用紙を出した瞬間に答えを思い出すことない？
あ〜〜…
覚えてるはずの知識が出えへんやろ？
モノの置いた場所忘れた時って管理が悪いだけが原因やなくて…
プレッシャーに弱いからかもしれへんね
行ってきまーす
スッ…
カギ
毎日、当たり前に使ってるモノは迷わずに見つけられるやろ？
確かに…

プレッシャーは慣れることでちょっとずつ減っていくから
気負わずにこなせる回数を増やしていけばええと思うよ
うん！
「忘れるのが怖い」と思った原因と今はどうなのかを冷静に確認や☆
忘れるのが怖い
前に忘れて怒られた
うう
❶ なぜ怖いのか考える
あれ
困るわけではないな
❷ それで困ることはある？
今はもう怒られない
❸ 今も怒られている？
あ…
怖がる必要ないかも…
ちなみに…昨日の晩御飯が思い出せないとかは別やで
それは…「物忘れ」だから加齢とストレスに気をつけてな

捨てられない服

モノを分別する時って…洋服が一番迷うんだよね
ボロボロでも長く着てなくてももったいなくて…
未練が断ち切れんのやな
そんな時は…洋服擬人化いってみよか?
突然何を言い出すの?
洋服擬人化とは…今から分別する服を擬人化することで…次回の衝動買いを控えると共に別れを決意するための一つの方法である
はじめて聞いたんですけど?
おかーちゃんのオリジナルやもん☆
ほないってみよか

服一郎
着ていない歴1年
クローゼット歴7年
フフッ…
1年着てない服
まずは…このボロボロのイケメンシャツ
設定嫌だな…
一緒に色々な所に行ったね…でも、君は僕を着なくなった…
ヨレッ…
だからお別れ…次はもっといい服探せよ…
R・I・P
ス…
うわあああぁぁ!!
服一郎〜〜〜!!
服二郎
見ていない歴3年
もう3年も顔すら見ていないし…はっきりしようぜ…
あばよ
服三郎
流行らない歴5年
俺、流行とかうとくて…
じゃあね
服四郎・服五郎
記憶にない歴?年
どうせ他に好きな服ができたんだろ?
知ってたし
君は他の服の方がもっと輝けると思うんだ…
気にするなって

くつ下さん
現役だけどボロボロ
別れよう…
足手まといに
なりたくないんだ…
(くつ下なだけに)
幸せにな…
どうや?
切なくて
かえって
捨てにくいわ!!
バッ…
パァン
その気持ちが
あるなら…
なんで適当な服
買ったんや!?
すみません
でも捨てるの
心痛いし…
え…
今の痛みを
忘れたらアカン…
まだわからんの?
何…?
服にあんたが
捨てられ
たんやっっ!!
えええっ
捨てられたの
私の方だった——!!
あんたが服を
捨てたんや
ないっっ!!
未練がましいと
モテへんで!!

捨てられない服や思い出の品、理由を考えてみると、もったいなかったり、未練があることが多いです。これって人間関係でもいえるのですが、離れようと思う時って、もうその人間関係にヒビが入ってしまって「離れる」以外の選択肢がない時です（モノでいえば捨てなきゃいけない時です）。でも、好きで仕方がない時ならともかく、既に離れようと迷っている時に相手から別れを切り出されると、言い方はよくないけれど「嫌な話を切り出さずに済んでラッキーだった」と感じたことはありませんか？　そう考えると、実はもったいないや未練が離れられない原因ではなく、自分が「捨てる」という選択をすることへの「罪悪感」が迷ってしまう理由かもしれません。だから少しずるいけれど、モノや人と離れる時は自分の欠点を見直して、「捨てる側ではなく、捨てられるようなことをしてきた結果」って思うと、少し気楽に手放せるかもしれません。

人とかモノとか捨てられへん理由は大抵は「罪悪感」が原因やねん
ゴミ袋もモノだけど捨てるためのモノだから毎日当然のように捨ててるやろ？
罪悪感かぁ…確かに映画とか観ると…
サイコパスの殺人鬼の部屋は異常にキレイだしモノも死体も容赦なく捨てるよね～
うんうん
おかーちゃんそこまで言うてへんで…
怖い子やわ…

もらったモノは捨てにくい

うーん…迷う…
どないしたん？
自分が買ったモノ処分するのはだいぶ罪悪感が減ったんだけど…
人からもらったモノはやっぱり…
それな
おかーちゃんもあんたのくれたシャツ似合わなくてしまったままで…
バサッ
捨てるの悪いやん？
でもこの先も着れへんし迷ってもうて…
えっ…!? 全然、捨てていいって!!
ごめん!!
だって困らせたくてあげたんじゃないし…
好きじゃなかった？
ヤング向けすぎて
ありがとな気い楽になったわ～
みんなそう思っとるで
ホントに‥
そうだね

ストックしすぎてしまう

天秤にかけてみる

うーん…迷う…どれを残すか…迷いすぎて仕事に支障が…
モヤモヤ…
また分別で悩んどるの？
よう悩む子やね～
分別もだし…仕事も人生も取捨選択に迷うことばっかよ…
ヒマか？
そういう時は代わりがないモノと天秤にかけて考えるといいよ
たとえば？
あ、ゴハンの時間…
ニャーン
ペットの猫ちゃんとか
めんこいなあ♡
ニャー
仕事できなくなるやろ？
収入なくなるやろ？
猫、養えなくなるやろ？
猫、路頭に迷う ろ？
ハイそこまで!! 迷わないからその先禁止!!
かわええなニャ～
うちの子にしようかな

モノの分別に迷う時って、残すか捨てるかの判断に迷うことが多いです。日常でも、たとえば仕事でどの案を残すか捨てるかで迷って、無駄に時間が過ぎてしまったり。一つ言えることは、捨てる候補に入っている時点でその悩みはそれほど大事じゃないってことです。

なので、私はそういう時は「代わりがないモノ」と比べることにしています。自分が持っている「最強のカード」を出せば大抵の迷いはふっきれます。私の場合は家族やペットの猫です。「今、これに悩んでる時間は家族や猫のために使える時間を犠牲にしてまで必要？」と天秤にかけると、捨てるか残すか迷うレベルのモノのために悩む時間が惜しくなります。代わりがあるモノはまた買えばいいし、仕事も大事な案件だけ外さなければいいやって思えます。人生の時間は限られているので、たいして大事じゃないものより、代わりがないモノのために使う方が後悔は少ないです。

一番大事なものとそこまで大事じゃないものを比べるって大袈裟《おおげさ》や思うやろ？
でもな…そんな大事なもののために大事なものを失ってはじめて気づく人が多いねん
別モノのようでつながっとるねん
そんでな、ドラマやと「俺は本当はお前が一番大事だったのに」…って泣きよるねん
そんなん言うたかて…愛はもう終わってしまったんや
ないわー
何の話？
ニャー

捨て方がわからなくて…

なぁ、あんた あの分別した 「いらないモノ」 いつ捨てるん?
あ〜… それなんだけど 実は捨て方が わからなくて…
いらない モノ
ヒュ〜♪
わからんこと ないやろ…? このネット 全盛の時代に…
調べたけど なにやら複雑で 手間がかかる んだよ〜〜!!
それは わからんのや なくて 面倒なだけや
あはは
まぁ、おかーちゃんは 心のお片づけしに 来てるだけやし 別にいいけど…
プイッ
やっぱり 心しか 片づける気が ないんだ…
面倒に感じる 原因はやっぱり 心の問題 だと思うんよ
くるっ
あ、やっぱり 関係あるんだ…
パターンが わかってきた…

たとえばな…引越しの時とか普段捨てないモノも捨て方調べて捨てまくるやろ？
・自治体で収集処理できないモノ
・粗大ゴミ回収
・小型家電の回収
・家電リサイクル品目
・古本の回収や買い取り
・未知の清掃知識
家を出ることへのモチベーションがものっそ高いから…面倒も乗り越える気力があるねん
うん うん
そういう時って今の自分や環境を変えることへの抵抗がない時でな
逆を言うと特に変わりたいと思ってない時は気がのらんのや
アタシ変わるわ!!
ゴォォ
ガサ ゴソ
ポリ ポリ
今はいいや～
ポテッ
あ～…確かにちょっと部屋をキレイに程度のノリかも…
変わりたくない時は、今に満足しているか…
変わる気力がないくらいに疲れてるか…
変わるのが怖い時やねん
ドキッ…
え？
中断できない仕事があるとかだらっとした環境が楽で心地よいとか…
アハハハ…
仕事かも～
あ、根っから面倒くさがり屋は気力のせいとはちゃうからね
全部かなぁ…

捨て方がわからなくて…
売るか？ 捨てるか？

チェック
ポイント

ほとんどのモノが売れる
ただし
手間と時間がかかる

フリマやネットオークション、
買取業者に売ることもできます。
時間に余裕があるなら、
「品名＋買取」でネットで検索
してみましょう。

ほとんどのモノは
自治体の情報を
調べれば
捨てられるよ

※収集方法は
自治体により
一部異なります

それって「何ゴミ？」

主なゴミの分別

もえるゴミ
もえないゴミ
びん・かん
ペットボトル
食品包装プラスチック
古紙類
繊維
有害危険ゴミ
小型家電
粗大ゴミ
家電リサイクル品目
パソコン
自治体で収集・処理できないモノ

→

捨て方に迷うのは…

もえるゴミ
もえないゴミ
びん・かん
ペットボトル
食品包装プラスチック
古紙類
繊維
有害危険ゴミ
小型家電
粗大ゴミ
家電リサイクル品目
パソコン
自治体で収集・処理できないモノ

以下のゴミは、収集依頼や処分費用が必要です

家電リサイクル品目

①買った店or買い替える際に
　引き取ってもらう

②自力で指定取引場所へ

③自治体の許可業者へ依頼

※いずれの場合も
「家電リサイクル料金」がかかります

粗大ゴミ

粗大ゴミ受付センターに電話
（インターネットによる受付を行う自治体もあります）

↓

粗大ゴミの処理手数料納付券を購入する

↓

収集指定日に納付券を貼って
粗大ゴミとして出す

自治体で収集・処理できないモノ

詳しくは自治体の回収案内を参考にしてください。

破砕処理が困難なゴミ、爆発や火災の危険があるゴミ、有害性のあるゴミ、事業活動に伴うゴミ。

※出し方や回収の問い合わせ先は
ゴミの種類により異なります

パソコン

①メーカーによるリサイクル

②公共施設に設置してある
　回収ボックスへ投入
（投入口に入るサイズまで）

③民間事業者に依頼（有料）

上記以外の処分方法

不用品買取業者を利用する

チェックポイント

不用品買取業者の中には悪い業者もいて、無許可で不用品の回収を行ったり、後で高額な費用を請求するトラブルも多いです。

基本的には自治体が許可している不用品回収業者を利用するのが安全です。家庭ゴミの回収を民間業者に依頼する場合は「一般廃棄物収集運搬業許可」を持っているかを必ず確認してください。また、リサイクル品の買い取りには「古物商許可」も必要です。

使えるかも…

いる
いらない
いる
いらない
いる
いらない
あ、これ…いらないけどまだ使えそう
コーヒーメーカー買ってたなぁ…
あ、これも使えそうだわ…
これも…
これとこれも…
いる
あのなァ
スパァン
使えそうなのに使ってないってことは…
使えないってことや…!!
いーかげん学習しいや!!

ときめかない

使い勝手はすごくいいけど…
あまり使わない食器…
なんで使わんの？
これいらんならもらうで
コーヒーメーカー
どーぞー
なんかね使ってる時にあまりワクワクしないの…
逆にこのマグカップとか小さくて使い勝手悪いけど…
フフフ…
カフェにいるような気分になれて安らげるの
ちょこん
お気に入り♡
誰？
使わない食器とかけまして…倦怠期の夫婦とときます
その心は？
メリットもあって手放せないけど心は全くときめかない
どちらも別れ時です
それもいらんならもらうで

代わりがあるモノ

なんかこう…スパッとザクッと楽にモノを減らす方法ないかな？
片づけめんどくさすぎる…
フウ…
ホンマにめんどくさがりやな…
思い切って代わりがないモノ以外は全部捨ててみたらどうや？
代わりがないモノ以外…？必要なモノじゃなくて？
？
必要でも後で手に入るモノならお金はかかるけど代わりはあるんよ
たとえば猫ちゃん
ニャー
やらぬ!!
サッ
もう狙ってへんて…
似ている子と交換なんて無理やろ？
人生で代わりがないモノって数も限られてるし他はなくてもなんとかなるんよ
それ以外は捨てても代用がきく
人もモノも…必要不要だけで見るなら代わりはいくらでもある
でもな似ていてもそれは絶対に違うんや

床に積んだ読まない本

昔はよく床の上に本を積んじゃって…
今も机や箱の上には積んどるね
ホコリやカビが生えると怖いから床に積むのはやめたんだ
クモの巣はられそうやで
積まれた本って離婚する気のない男に遊ばれてる女みたいやな…
ボソッ…
はい？
置く場所もなく読むこともなく愛着もないのに手放してくれず…
TABUN SOITSU
居場所もなく常に必要でもなく中途半端な愛でキープされて…
絶対に来月か来年か来世で妻とは別れるから…
嘘つっ!! 前世でもそう言ってたじゃない!!
あれ…、人生詰ませてる奴えらい鬼畜や思わん…？
ドラマで観たわ
わかったよ…片づけるか捨てて呪縛から解放するよ…
またミーゆー
変なたとえやめてー

買ったら満足しちゃった

買ったら満足して使わないで置いたままのモノってありませんか？　私はあるのですが、ダイエット用のフラフープとか、これがあれば大丈夫！と手に入れた途端に安心して放置したままで…、買うまではかなり吟味《ぎんみ》してやる気もあったのですが（苦笑）。手に入れたことで達成感を得てしまったのだと思います。本当は道具を使って痩せるという結果を出すのがゴールなのに。日常でもそういうことはあって、たとえば誰かを好きになったとします。ゴールが「告白する」か「一緒に幸せに過ごす」かで結果が大分変わってきます。たまに告白が成功して付き合ったら微妙で別れたという話を聞くのですが、大抵が付き合えば後はなんとかなる…と告白がゴールになっていました。一緒に幸せに過ごすことをゴールにしていれば、もっと相手をよく見て考えてから告白したかもしれません。うまくいかない時はゴールの設定がずれているのかも？

賞味期限が切れている

またいただいた お菓子を 賞味期限までに 食べきれなかった…
しゅん…
折角くれたのに…
あ～… 一人暮らし あるあるやね
お土産って 人の善意やし いらん言うのも 失礼やし…
最近は身内も ダイエット中で お裾分けが できなくて…
うう… 朝食が毎日 お菓子に…
頑張っても 一人で食べるのは 限界があって…
モソ モソ
そんなに 菓子ばっかり 食べてたら 身体壊すで…
ホンマ 気にしぃやね
大抵の人は あげた時点で 目的は達成 しとるから…
でも…
あのな… 罪悪感にも 賞味期限があって ええんやない？
喜ばせたくて くれたんやから そのためにつらい思い したらあかんよ
その代わり 感謝の気持ちを 長持ちさせれば ええと思うよ

人から借りたモノ

借りた本とか この機会に 返したいなぁ…
置く所も ないし…
何を 読んどんや
返せば いいやん
BとL
なかなか 会う機会が ないんだよ〜
あ… その日は 仕事だ!!
まぁ、だから 今もうちに あるんだけど…
ゴメーン 私も予定 ある…
郵送すれば ええやん?
え〜… 送料もったいないし 相手もかえって 気にしない?
そこまで しなくても またいっか…
貸したもんを 返してって 結構言いにくい もんやで
あまり急《せ》かすと 返す気あるのか 疑ってる みたいやろ?
たしかに…
私もそれで 言えない…
惜しみなく 貸してくれたモノは 返す時にも 惜しんだらあかん
モノを返す時は 恩を返すと思えば 送料なんて 安いもんやで
お礼に お菓子一緒に 送ろうかな…
うん うん

いつか使うかもしれない

備蓄ですから

…というわけで 来《きた》るべき時のために 必要なモノ…
キラ
それは… 備蓄!!
脂肪も沢山 ある方が 生存率が高い…
だからこれも… 備蓄!!
アイッス
備蓄だも〜ん♪ 蓄えてるだけ だも〜ん♪
てへへっ
ぺろ ぺろ
あんな 備蓄だって 賞味期限きたら 入れ替えやろ?
あんたの備蓄も 一定期間毎に リセットした方が ええと思うよ
……
体重管理せんと 災害の前に 病気で倒れるで

高かった服

安い服は別れ時と考えて処分できるんだけど…
うぉぉぉ
プルプル…
まだ入る…
スーツとかパーティー用ドレスは高かったし…
また結婚式呼ばれるかもだし…
チャックとまる…
あ…あんた…
大切な友達の結婚式にパツパツの古着着てくのん？
うっそー信じられへん
うわー…
それが許されるのは喪服までやない？
シンデレラでもない限り突然パーティー行くことないやろ？
ドン引きやわー…
……
うわー…ホントだ…
サッ
グッ
キツイのは服やなくてあんたやわ〜

めったに着ない服ってあります。冠婚葬祭用に買った服がそれで、結構高いモノだから着れなくなってもクローゼットにずっと眠っていたり…。喪服の場合は急に必要になることが多いから仕方がないけれど、結婚式やパーティーなどは一カ月くらい前から予定がわかることが多いので、古くてキツイ服を着ていくか、新しい今の自分に合った服を着ていくか自分の意思で選ぶことができます。似たような選択って人生の中でも多々あります。今はもうろくにやっていないのに、高い投資をした習い事をズルズルと退会できなかったり。ブラックだとわかっているのに、ゼロから仕事を探すよりはと長く勤めている会社を辞められなかったり。でも、それってパーティーで古着を着るくらい滑稽《こっけい》なことかもしれません。一時的にはもったいないとしても、古いままにしておくことで今幸せになれないなら、時には思い切って新しくするのもありだと思います。

沢山お金や時間をかけたモノほど新しくするのが無駄遣いに感じるかもやけど…
それが今の自分を幸せから遠ざけてるのに手放せないなら…
人生の無駄遣いやで

なんでうちにあるのか

う〜ん…こんなモノ買ったっけ?
…というか、なんでこれがうちにあるんだろう?
何かのキャラかな?
なんや素性のわからんモノが家にあるって…
よう知らん人が家にいるようで…
ハッ…
?
気味わるるない?
捨てる…
コワイのイヤー…
ボワッ
まぁ、大抵はその場のノリか元彼の趣味で買ったモノやけどな…
なんやおとーちゃんかい!!
よっ!!

家が今より散らかっていた頃、大掃除の時に買った覚えのないモノが出てくることがたまにありました。今までの人生を振り返っても似たようなことは多々あって、とてもよく覚えていることとはっきりと思い出せないことがあります。忘れてしまうことの大半って日常の中で何度も再生しなかった記憶が多い気がします。たとえば小学生の頃の授業の内容を覚えていますか？　正直、私はかなり怪しいです。でも、足し算、引き算、割り算、掛け算、九九は覚えてます。なぜなら今も毎日のように買い物や仕事の場面で使うからです。でも、同じ時期に覚えたその他のことはほぼ忘れてしまいました。たぶん、あれ以降、日常の中で使う場面がなかったからだと思います。度々再生しなかった記憶ってかなりの確率で忘れていきます。だから、モノでも人との関わりでも、長く覚えていることって、自分が度々日常の中で思い出し続けたものが多いんです。

繰り返し掃除しないと部屋が汚れていくように…
繰り返し思い出してないことって…結構忘れるんよ
いや、流石《さすが》に一度覚えたことはある程度覚えているでしょ？

じゃあ、あんたが携帯電話に変える前の固定電話の番号を市外局番から
何だっけ…？
あれ…？

「何でうちにあるのかわからないモノ」は、自分が今を生きていく上でもう必要のないモノなのだと思います。以前、仲が良かった人と再会してお互いの名前を思い出せなかったことがありました。楽しかったはずなのによく思い出せない。今だから思うのですが、それはお互いが離れた後に沢山の経験を重ねて成長したことで、当時のことを全て記憶しておく必要がなくなったからだと思います。今も一緒に居ない人はどこかで道が分かれた人です。生活スタイルが変われば、毎日繰り返し思い出さねばいけないものも変わります。

余談ですが、私は嫌なことを忘れたい時によくこの方法を使います。思い出す度に全く関係のないことを始める習慣をつけていたら、今では嫌なことはめったに思い出さないし、思い出してもそんなにつらくは感じなくなりました。繰り返し思い出すことで定着していくなら、嫌なことより楽しいことの方がよくありませんか？

誰も名前に触れない同窓会…
うわ～!! 皆、元気？ 久しぶり☆
あなた達全然変わってないわよね
お前らさ～ 今、なんの仕事してるの？
君は相変わらず賑《にぎ》やかだね

第3章

leave

残す

何が大事で必要か

分別も無事に終わったし…残ったモノをしまうかね
よいしょっと…
ちょい待ち
ここから先が大事やねん！まずは…分別したモノを見直そか
え～…まだあるの？面倒くさい～
え～…
面倒くさがって適当にやってきた結果が今やろ？
毎日を大事に生きてる人の所には大事なものが残る
つまりな…
ぐぬう…
毎日適当に生きてきたから適当なものが増えたんや
ペスッ

何が大事で必要か？　日常であまり深く考えることってないかもしれません。でも、自分にとって何が本当に大事で必要かを真剣に考えると、その後の生活や生き方が大きく変わってきます。大事なものや必要なモノがわかっている人はそれを大事にすることができますが、わからないと、ついうっかり適当に扱って、壊したり失ってしまうことがあります。モノも人間関係も適当に扱えば遅かれ早かれ壊れます。そして大事なものって意外と身近にあるものほど気づかなかったりします。当たり前にあるからこそ真剣に向き合わないとそのことに気づかないし、あるのが当然のモノは適当に扱ってしまうことが多いんです。たとえば…親しい友人や恋人を、何があっても離れないと思い込んで大事にすることを忘れて別れてしまった…、そういう話をよく聞きます。モノも人も「大事にする人」になるのか「適当な人」になるのか、いつからでも選ぶことができます。

家族とか恋人とか
本来、大事にすべき
相手ほど
甘えで適当に
扱っちゃったり…
冷静に考えると
怖いなって…
本当は大切な人ほど
大事に扱うべき
なのに…
そこにあるのが
当たり前すぎると
忘れてしまうんよ…
大事にしないと
どんなものでも
壊れてしまうことを

残すとは…？

分別と
残す作業って
何が違うの？
やっぱり
めんどう…
分別で「いる」に
入れたモノは
残すモノなんじゃ
ないの？
いる
いらない
残すってのは
この先もずっと
ここにあるって
ことや
「いる」と
決めたモノを
そばに「残す」には
覚悟もいるんや
覚悟？
汝《なんじ》…
病める時も
健《すこ》やかなる時も
愛し慈しみ
このモノを守ることを
誓いますか？
あ…
残すかどうか
もう一度
考えたいな
重いわ

何を残すかの選択ってとても重要です。「いる、いらない」の分別は人間関係でいえば「この人は好き？　嫌い？」という選択で、そこから残す選択は、「この人が好きでずっとそばに居たい？」という少し重い選択です。でも、ここで大事なものや必要なモノを残せば、毎日何かを大事に扱う生活が始まります。でも、適当なモノを残せば毎日何かを適当に扱う生活が始まります。人でいえば、毎日そばに居たい人とどうでもいい人、どちらが近くに居るかで人生はかなり変わってきます。だからこそ人であれモノであれ、何を残すかをもっと真剣に選んでみてはどうでしょう？「汝はこれを本当に残したいですか？」「はい！　死が二人を分かつまで（モノなら壊すまで）」そう言えるモノや人に囲まれて暮らせたらとても幸せだと思うんです。そして、とても気楽だと思います。好きなモノを大切にする生活は、適当なモノに我慢する生活よりずっと楽ですから。

ずっとそばに置きたいモノしかなければ…
いらんもん捨てよか残そか迷うストレスはなくなるで
確かに、毎日どう捨てようか考えるのってストレスだよね

人間でも毎日離婚のこと考えていたら疲れちゃうしね
うんうん
前も言うたけどおかーちゃんそこまで言うてへんで…
怖い子やわ…

バイブルは必要

考えるのが面倒になってきた…
フラァ…
〜…
もう本は全部捨てちゃおうかな…
このままひと思いに…
片づけハイになっとるね
ちょい待ち
バイブルは捨てん方がええよ
バイブル?
あんたの人生に影響を与えてくれた本や
人間関係でも疲れて全部切りたくなることあるやろ?
でもな…
人生助けてくれた人切ったら絶対後悔するで本も同じや

本当に必要なモノ

う〜ん…
どこにいったん
だろう？
ゴン
ゴン
なんや
探しもん？
分別では捨てる
項目に入れた服
なんだけど…
パーカーです
今の季節気温が
中途半端で
やっぱり
着たくてさ…
分別してすぐ
捨てなくて
良かったやろ？
なんや
こっちで
見た気が
するわ
ゴン
ゴン
これに関しては
そうだねぇ…
ゴン
ゴン
これやろ？
あのな…
あっ！
それそれ
必要な時に
足りないもんが
本当に必要な
モノやで

ときめくモノは残す

ときめくから残そうかと思ったけど捨てようかな…
カフェ気分になれるけど…
探せばまたときめくモノに出逢えるかもだし…
唐突だけどあんたはどんな時に恋するん？
え～…恋？一人ぼっちが寂しい時？
ハハハ…
将来ずっと一人は嫌だしそのうちに…
どアホウやわ
え？
恋やときめきはしようと思ってできるもんやないっっ!!
ときめくもんが探せば見つかる思うとるなら大間違いやで!!
ガッ

残したいモノが多い

あ～…なんでこんなに残したいモノが多いんだろう…
ハァ…
別に本当に大事で残したいなら悪いことないで
でも…
物がへらない…
あのな、友達3人と30人の人がおるとするやろ？
30人の人は多いから3人に選べって言われたらどう思う？
定員3名
そんな…多い少ないって数の問題じゃ…
大切なものが多い人ほど残したいモノが多いのは当然や
単に減らせば正解と思うならその気持ちの方を捨てた方がええよ

自分にとって大事なら

人にとってはガラクタで…
自分にとっては大事なものか…
唐突やけどうちのおとーちゃんハゲやねん
イマジナリーオトン…
本当に唐突だね
しかも休日は腹巻いっちょでゴロゴロしとって掃除の邪魔やねん
おとーちゃんどいてやーっ
人から見ればガラクタみたいなもんかもしれん
でも、絶対に捨てへんわ
だから、あんたも大事なものにもっと自信持ってええと思うよ
うん…!!

大事なものって人によって様々です。子供の頃から家にあるボロボロのぬいぐるみや、好きな人にもらった玩具《おもちゃ》の指輪、一見ガラクタであっても持つ人によっては宝物、誰かに「捨てろ」なんていう権利はありません。人間関係でもそうです。自分にとってはどうにも苦手な人が誰かにとっては大切な人だったりします。「好き・嫌い」は個人の好みだし、たとえば自分は酷《ひど》い目にあった人でも別の誰かにとっては恩師かもしれない。自分はその人との縁を切っても、他の人にも同じようにするように勧めたり、無理矢理引き離したりするのはただのお節介で、「痛い目にあわないように、親切心」という大義名分があっても、それを決める権利を持っているのは当人だけです。大切なものって自分が決めるんです。他人から見てすごいモノじゃなくていいし、誰もが認めてくれなくてもいい。自分が大事ならどんなにつまらないモノでも、それは宝物なのだと思います。

ときめくモノの見分け方

残すモノは心が動くモノ

残さないモノ　　残すモノ

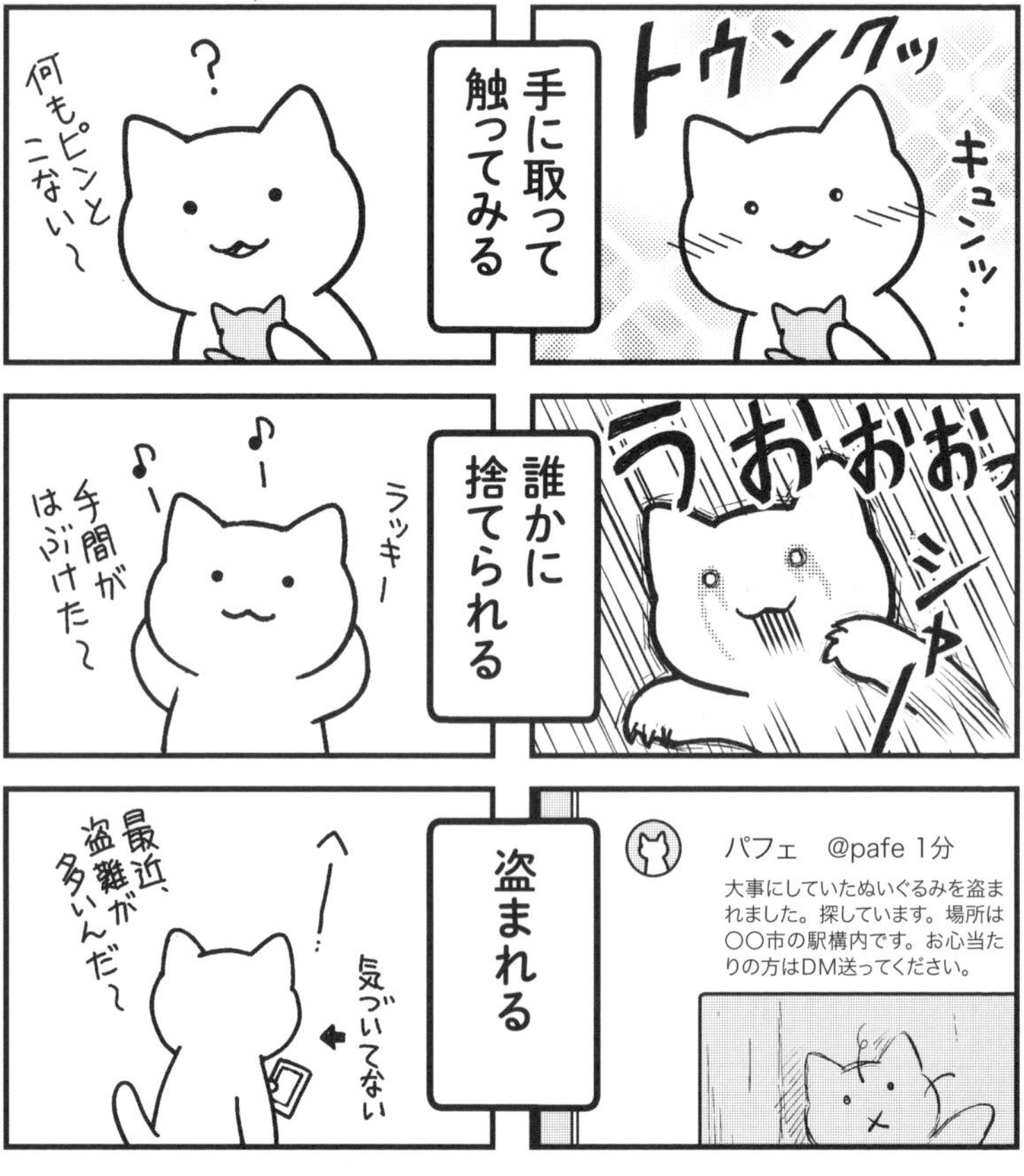

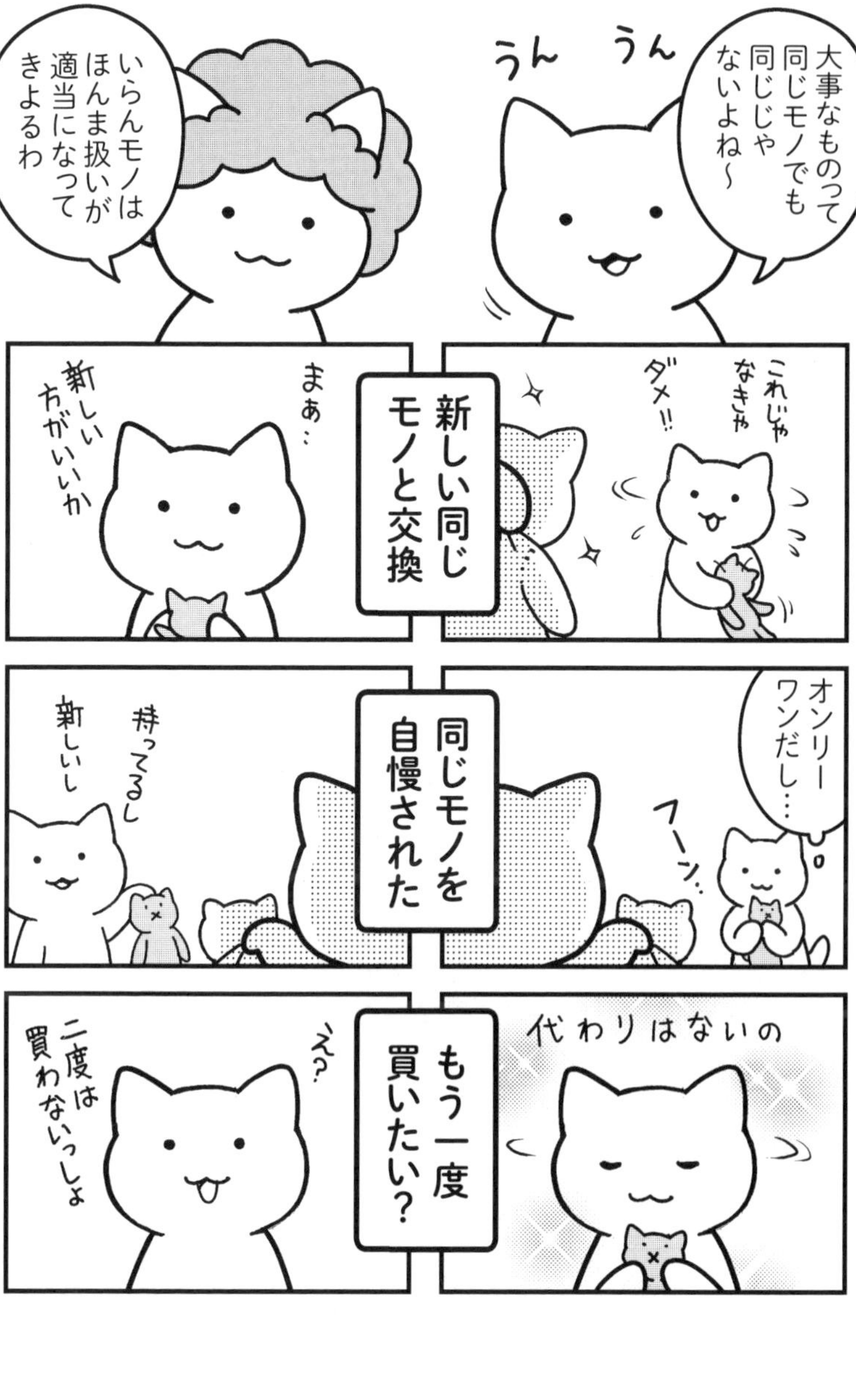
大事なものって同じモノでも同じじゃないよね〜
うん うん
いらんモノはほんま扱いが適当になってきよるわ
これじゃなきゃダメ!!
新しい同じモノと交換
まぁ…
新しい方がいいか
オンリーワンだし…
フーン…
同じモノを自慢された
持ってるし
新しいし
代わりはないの
もう一度買いたい?
え?
二度は買わないっしょ

残す理由

このトースト焼くやつは本当に高いから残す…!!
オーブントースター使ってるけど…
使いなはれ
使わずにただ残すなら置き場所の家賃ですぐに買い値を追い越すけどな
本は管理が悪いと虫がわくしカビ生えるで
高い本…
家電もな高かつたそれは今頃は型落ちしてセール価格や
高い扇風機…
TUNDOKU
虫喰いの本なんてほんまゴミやし家電は古くなるほど処分が手間やしええことないわな〜
残す理由が…
ないならいらんのやない？

痩せたら着る服

じゃあ…この痩せたら着られる高い服は残す!!
そういうのは目標になるから残していいいって本で読んだもん!!
好きにすればええやん
自分で決めや
まぁ、でも大抵は…
頑張って痩せて…
古着着たい奴なんておらんやろな
そりゃそうだよな…
おかーちゃんは痩せたらその時一番似合う服買うで〜

負け服

服、捨てられん時はな…
アハハハ
ウフフ
美しい思い出
どんな時に着たか思い出してみ…
没
つらい思い出
今、悪いこと思い出した服は…
負け服や
悪い運呼んでくるかもしれへんで？
ズボッ

どうしてもモノが捨てられない時に、ジャッジの仕方を少し変えてみるのも一つの方法です。私は、特に服や身に着けるものが多いのですが、それを持っている時にいいことがあった、悪いことがあったと、いいジンクスと悪いジンクスに振り分けてしまいます。どちらでもないモノは暫《しば》し保留で。そうすると結構、思い浮かぶんです。「このシャツ着ていくといつも雨だな」とか「この数珠《じゅず》をつけてから仕事が沢山来てる気が…」とか。そこで悪いことばかり浮かぶモノは処分してしまいます。気持ちもなぜかスッとします。これは少しずるいのですが、私は気に入ってるモノをできるだけ楽しいお出かけの予定の日に、もう捨てようか迷ってるモノを、面倒事がありそうなお出かけの日に身に着けるようにしてます。自分でジンクスをつけてしまうわけです。そうすると大事なものはより大事に、迷ってるモノは捨てやすくなります。

なんか…この服着てるといつも太った？…って言われる
ム～！
捨てよ～
負け服かな…？
…
その服着てなくても太っとるで
ボソッ…

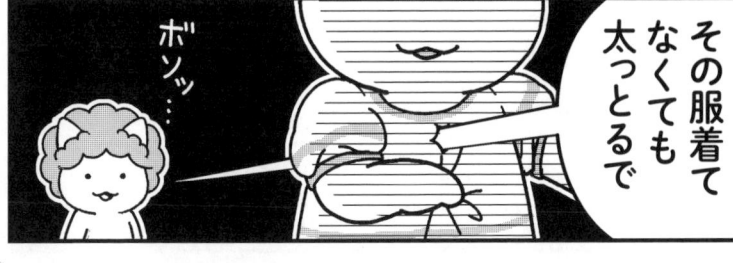

本当に残したいモノ

改めて本当に残したいモノを考えたら…
結構少なくてびっくりしたよ
本当に大事なものは覚えてられる程度の数しかないいんや
だからちゃんと目が届くし…見失うこともない…
この本も「残す」項目は結構ページが少ないけど…
ツッコんでいい所かは分からないけど…
ここだけの話やで…
残すべきモノは少ないいんだって伝わるように削ったらしいで

「本当に残したいモノ」っていくつ浮かびますか？

ちなみに、「残したい」と思うからには、それがどんなモノでどこにあるかを把握していなきゃいけないし、ずっとそばに置きたい大事なものなら、壊さないようある程度頻繁に手入れもしなきゃいけません。身の回りで「大事だと認識していて、いつでもどこに置いてあるか把握してて、きちんと手入れを続けているモノ」ってどれくらいあるでしょう？　そう思うと、本当に大事で残したいモノは「どうでもいいもの」や「どちらでもないもの」と比べてかなり少ないと思います。人間関係にもそのまま当てはめられます。「本当に大事な人、いつでもそばに居たい人、まめに連絡をとっている人」は身近にどれくらい居ますか？　人もモノもなぁなぁにしていると余計なモノが増えていきます。余計なモノが増えると大事なものが埋もれて見えなくなります。それは探しているモノが見つ

大事だと認識していて…
大事にされてます!!
いつでもどこに置いてあるか把握していて…
いつもここに!
きちんと手入れを続けているモノ…
そりゃあちらかるわな…
あんた…猫ちゃんと仕事道具以外はほったらかしてたんやね…

からない状況です。身近に居るのが「どうでもいい人」や「どちらでもない人」ばかりになっていたら要注意です。たとえば、仕事に追われて家族や恋人をおろそかにしてしまう時、その仕事が家族や恋人のために頑張っている仕事であるなら、本当に大事なものがそうでないものに埋もれている状態だと思います。そうは言っても人間関係を整えるのには勇気がいりますし、「これは不要だ」と気づいてもモノと違ってすぐには捨てられません。だからまず「者」ではなく「モノ」から。モノは比較的簡単に捨てられます。毎日の行動は習慣になるので、「大事なもの以外を減らす」生活を当たり前にしていけば、「本当にそばに居たい人（残したいモノ）」を残すことに慣れてくると思います。私は5年も10年もかかってしまいましたが、今は昔より部屋や人間関係が大分スッキリしています。だから焦らず時間をかけても大丈夫だと思っています。大事なものの受取人は未来の自分です。

第4章

throw away

捨てる

捨てられる時、捨てられない時

モノを捨てる時って、その捨て方や捨てるモノにより今の自分のことが少し見えてきます。今まで捨てられなかったモノを捨てられたり、以前は捨てられたモノを捨てられなくなった時は、自分の中で何かが変化した時です。成長かもしれないし退化かもしれません。けれど私は、今後の自分を良くも悪くも変えていくためのチャンスの時だと思います。

たとえば、少年漫画で今まで非情だったキャラが戦いの中で仲間を助けるようになる時は、「捨てられないもの」が一つ増えたわけですが、代わりに大切な「守るべきもの」を手に入れて成長した時でもあります。逆に今まで弱かったキャラが以前は逃げていた相手に立ち向かって行く時は「弱さを捨てた」わけですが、同時に大切な勇気を手に入れた時でもあります。

昔の自分と比べて、捨てられるモノ、捨てられないモノを観察してみてください。それにより今を変えていけるかもしれません。

今回、色々なモノを捨てられるようになったから…今ならできる気がするんだ…
ダイエット《脂肪を捨てる》
捨てられる時もあるし…
捨てられない《リバウンド》時もあるで…

萌えるゴミ、萌えないゴミ

危険物は正しい捨て方を

刃物は紙にくるんでから名称を書いて…
スプレー缶は使い切って出す…と
ここまできっちりやる必要ある…?
めんどう…
あるある
危ない人から離れる時も気をつけんとアカンやろ?
きっちり離れんと●●してきたり●●●●●来たり●●●●●●する奴もおるから…
伏字のとこ怖いんですが
本に書けるコトなんてたいしてヤバないで
書けないくらいヤバいから気をつけないとアカンのやん

※ゴミの出し方は各自治体によります

処分の仕方は色々

自分に合った方法を選ぶ

捨てる・売る・譲る・寄付する

ゴミの回収で捨てる

<メリット>
お金がかからない
毎日少しずつ減らせる
<デメリット>
時間がかかる
捨てられないモノもある

市区町村の指定業者に依頼

<メリット>
不法投棄される心配がない
<デメリット>
お金がかかる
個別に問い合わせが必要
処分の仕方が色々

優良不用品回収業者に頼む

<メリット>
色々なモノを捨てられる
一度に大量にモノを減らせる
<デメリット>
お金がかかる
悪徳業者も居るので注意!!

ネットオークションに出す

<メリット>
様々なジャンルのモノを売れる
高く売れることもある
<デメリット>
時間がかかる
配送など手続きが面倒

買い取りを依頼・持ち込む

<メリット>
簡単&手軽に処分できる
高く売れることもある
<デメリット>
売れないこともある
買い取ってもらえないモノもある

フリーマーケットで売る

<メリット>
様々なジャンルのモノを売れる
<デメリット>
出店するのに費用がかかる
接客や搬入が必要
売れないこともある

売っていい時、悪い時

なんでも捨てるのもったいないし…売ろうかな?
メル●リとかヤ●オクとか…
カチカチ
おかーちゃんは今回は捨てた方がええと思うよ
ただでさえハムスターみたいにごっそり溜め込んできたのに…
チュ?
売れる思たらあんたますますいらんモノ買うで
もったいないことをしたモノにすまんかったそう思って痛い思いせんと
ハイ
ハイ
中途半端にダメな男と別れてまたひっかかる女みたいに何度でも散らかすよ
ハーイ

モノには売っていい時と悪い時があると思います。普段からあまり無駄買いをしていない人なら、モノを整理する時に、売れるモノは売るっていいと思います。でも、いらないモノをため込む人がモノを売って偶然高い値段で売れてしまうと、「なんだ、売れるんじゃん」ってますますいらないモノを買い溜めしてしまうので、そういう人は一度どこかで区切りをつけて捨てた方がいいと思うんです。

これって、「このタイプと付き合うと苦労する」とわかっていても、そんなに痛い目にあわずに別れてしまうと、何度でもそのタイプの人と付き合ってしまうのと同じで、どこかで痛い思いをしないと、なかなかやめないんです。

「もったいないことをした」「私のせいで無駄にしてしまった」そう思う気持ちが、次に無駄なモノを買わないための抑止力になります。

新しい出逢いも、古い考えを引きずらず、一度捨てることでやってくることが多いです。

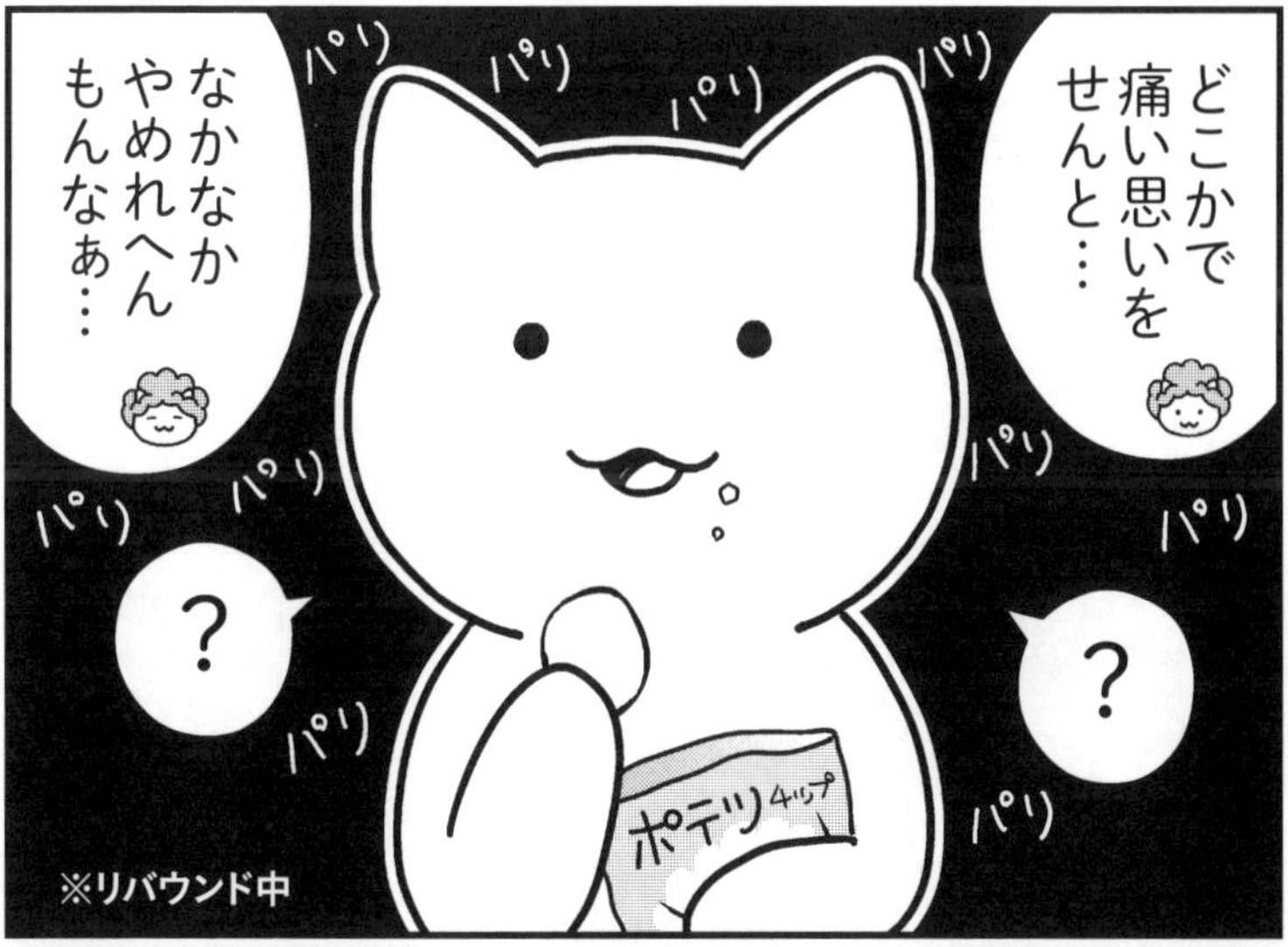

どこかで痛い思いをせんと…
なかなかやめれへんもんなぁ…
パリ
パリ
パリ
パリ
?
?
ポテリ
※リバウンド中

心と時間にまだ余裕がある

それでも売れるなら売りたいのが人の性《さが》…
カタカタカタ…
だってだってなんだもーん
余裕があるなら好きにしたらええよ
余裕？
切羽詰まっている時は何もかも捨てて逃げたくなるやろ？
気づいたら海に来てた…
ハッ
ザパーン
あー…確かに
※〆切り当日
すぐにどうにかしなくてもいいと思う時はまだ心に余裕がある時なんよ
また明日でいーやー
※〆切り1週間前
ただ、心に本当に余裕がなくなると今度は何も手につかなくなるから…
やっぱり心に余裕があるうちになんとかした方がええと思うで
〆切りとか、〆切りとか〆切り…
はい…

捨てるのにもお金がかかる

買う時にも結構なお金がかかるのに…
捨てる時にもお金がかかるから捨てにくいんだ!!
バッ…
捨てる時くらいタダでもいいじゃん!!
ジャーンッ
そりゃそうやろ? あんたの代わりに手間暇かけて捨てる仕事しとる人がおるんや
そのマイクの分別は小型家電な
あんたの仕事がゴミ処理でタダで頼まれたらどう思う?
金払えって思う…
そういうことやで

なぜお金がかかるのか?

※2019年調べの情報です

大型家電の処分には結構なお金がかかります。家電リサイクル法ができてから、リサイクル料金と指定リサイクル工場までの収集、運搬費用の徴収が義務化されました。また、海外への中古機械の輸出制限が厳しくなり、近年では素材目的での廃棄家電の輸出も厳しくなりました。2019年でもそんな感じなので、今後どんどん規制は厳しくなると思います。だから回収業者は以前のような仕組みで無料回収をすると赤字になるのでそれができなくなりました。無料で色々なものが手に入る時代です。でも実際に本当の意味で無料かというとそうではありません。無料アプリはタダで遊べますが、対価として利用者情報の登録があったり広告が表示されます。無料通話はお金はかかりませんが、パケットを消費するので、WiFiなしで使いすぎると通信制限がかかります。無料サービスを求めすぎるのは、タダで働けと言ってるのと同じなのです（苦笑）。

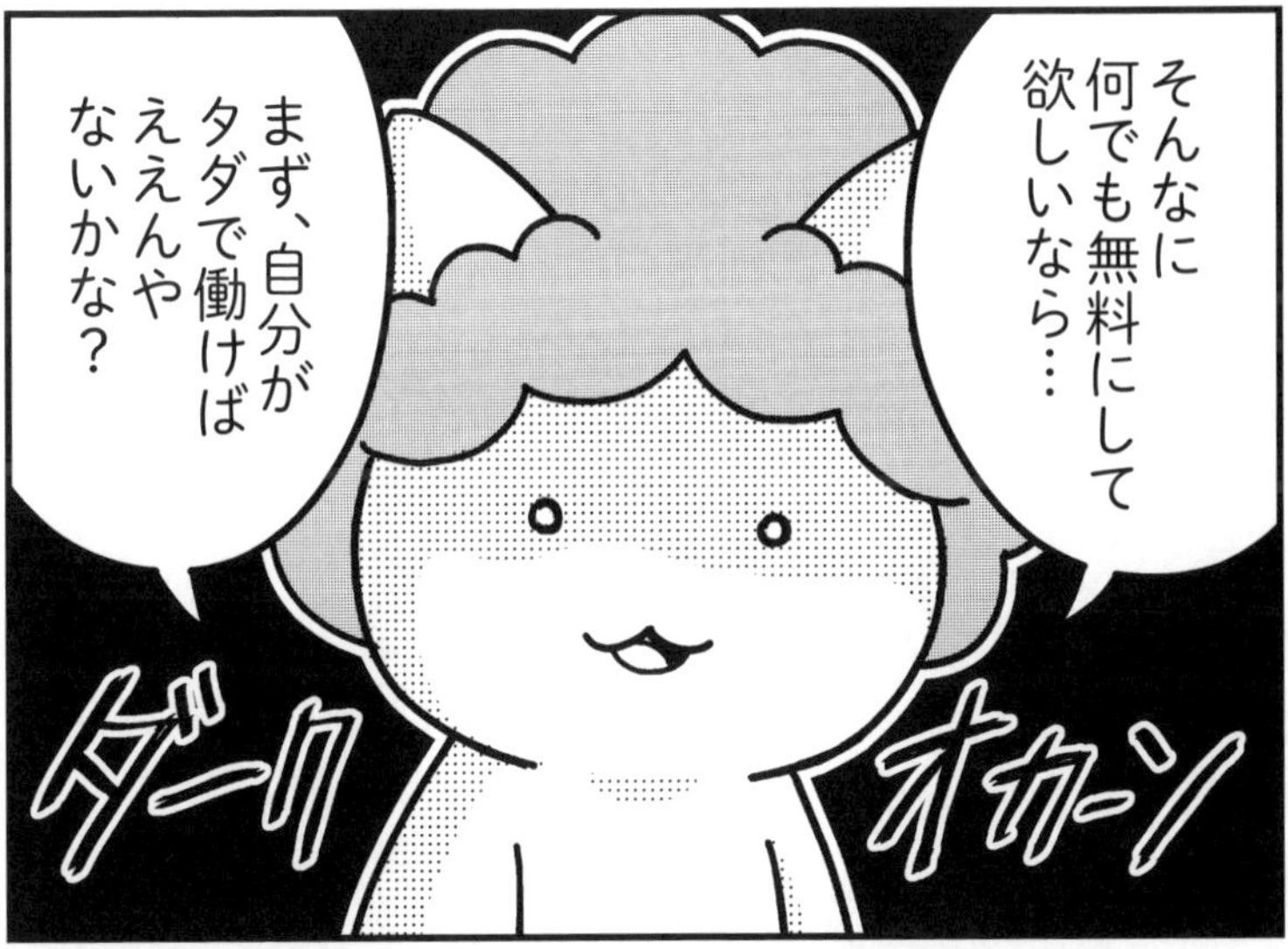
そんなに何でも無料にして欲しいなら…
まず、自分がタダで働けばええんやないかな？
ダーク
オカーン

お金を出してでも解決したい問題か？

お金を出してまで…と思うならまだ捨てなくていいのかもね
このモニターサブで残しとくか
うん うん
それも一つのジャッジの方法やな
本当に捨てたい思ってる時はマジで…
ほんま今幸せや…
金で解決できるなら…って思うよ
世界は美しいな…
これで始末できるんなら安いもんや…そう思える時でええんやで
カタギの…猫だよね…？

お金が欲しいか、片づけがしたいか？

とりあえず余裕があるうちは売ろうかな〜…
あれ？
…ってこれ先週から全然売れないな…
値段を下げれば売れそうだけど…これより高値での落札もある…
あ、メ●カリに出す場合は包装するもの用意しないと…
値段が安くていいなら●ックオフでもいいか…
あんた…
お金が欲しいの？片づけがしたいの？
あ…片づけしているんだった…
本末転倒やで…

片づけたいの？ 売りたいの？
優先したいのはどっちか？

早く片づけたい or 売れるモノは売りたい

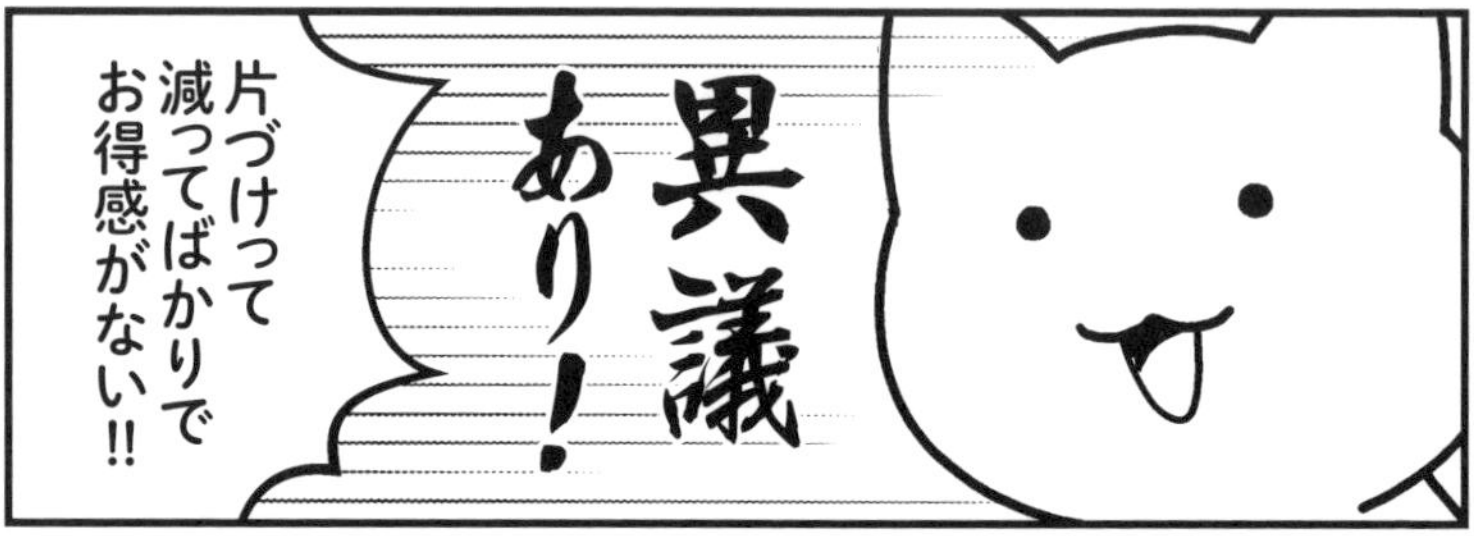

異議あり！
片づけって減ってばかりでお得感がない!!

売るのが優先

売れる
売れるまでモノが部屋に残る

売れない
売れないのでモノが部屋に残る

整頓して残す
売らないモノは部屋に残る

➡ 売れないと全くモノが減らない

○片づけを焦っていない、または収納スペースに余裕があるなら、
　売るのを優先して、少し得をするのもいいかも

早く片づけたい時

片づける時間がない
部屋に余裕がない
お金を払ってでも捨てたい
片づくなら損してもいい
お金に余裕がある

売れるなら売りたい時

時間に余裕がある
部屋に余裕がある
タダで手放したくない
損したくない
お金が必要

片づけが優先

タダでも捨てる
捨てるのでモノが減る

有料でも捨てる
捨てるのでモノが減る

整頓して残す
残すと決めたモノは残る

➡ **残すモノ以外の数は確実に減る**

○片づけたい意欲が強い、または収納スペースに余裕がない、
そういう時は片づけを優先した方がいいかも

捨ててスッキリするモノ

モノを捨ててスッキリするのは、ゴミを捨てた時です。自分には必要なかったモノ、不必要に場所をとっていたモノ、いらなかったモノを捨てると気持ちがとてもスッキリします。逆に、必要なモノをうっかり捨ててしまった時は後悔します。人間関係だって嫌な人が去ってくれればホッとするけれど、好きな人を失ってしまうと悲しい気持ちになります。

たとえば引越しの時など、片づけをずっとしていると「片づけハイ」のような状態になることがあります。もう疲れちゃって、普段より捨てる選択がバンバンできるようになって、「捨てる＝快楽」みたいになったことはありませんか？　私はありました。でも、時間が経って落ち着くと足りないモノに気づいて後悔しました。モノならまだいいけれど、人間関係だったら大変です。捨てるのが目的ではなく、大事なものを生かす場所を作るために捨てねばならない時があるだけです。

もう面倒で全部捨てたらスッキリした～
あはははははは～!!

1週間後…
ねえ、ハサミ一つもないんだけど…知らない？
片づけハイやばいな
そういうとこ直さんと色々失うで

自分がいらないモノは人もいらない

モノを捨てる時に、一番自分に罪悪感がない方法が「もらい手を探す」ことです。誰か引き継いで使ってくれる人が居れば捨てる側としてはとても気楽です。しかも、ちょっといいことをしたくらいの気分で手放せます。それにより、「捨てる」が「譲った」に変わります。でも、それは相手が本当に欲しかった時の話です。よくやってしまうのが、欲しくない相手に無理矢理押し付けてしまうことです。

人って、特に親しい人に頼まれると嫌だと言いにくいものです。突然、「いる？」「いらない？」なんて押されたら気の弱い人なら「もらう」と言ってしまいます。そして人からもらったモノはとても捨てにくい。なので事前に様子をうかがうのがいいと思います。捨てるモノの話をした時に欲しいモノなら大抵は「もったいない」「譲って」という話になります。モノを譲るつもりで罪悪感を押し付けてしまうと、今後の人間関係にひびが入るので要注意です。

欲しい人が居るかも?

…とは言ってもな…
たまにはいらんもんを欲しいって言う人もおるよ
た・ま・に
たまにやで
だよね!! じゃあこれ…
いらん
ススス…
いきなりいるいらん? じゃなくて様子見てみいよ
しゅん…
様子?
またやってしまった…
捨てる話をした時に…
このゲーム機すてようかな～?
チラッ チラッ
NYA MICON
えーっ マジ? いらないの?
欲しいもんならそれっぽい顔するもんやろ?
強く押されるとな欲しくなくても引き取ってしまう人もおるんや
もらってくれれば罪悪感は減るけれど押しつけられた方があんたの代わりに背負うってこと忘れたらあかんよ

捨てるなら

つい欲が出てまた買ってしまった…
あぁあぁ
限定だったからつい…
こういう浅はかなところ本当に嫌…
フィギュア
いつものことやん
欲を捨てたい…!!
売っているのが悪いんだー!!
もっとストイックに生きたい…!!
ニャァァ
欲があっても浅はかでもええやん☆
聖人にでもなりたいん?
何がアカンの?
あんたは欲捨てるよりプライド捨てた方がええで
モノを減らして部屋が空いてもな…そのために欲しいもん我慢する生活は窮屈やと思うよ

片づけの最中でも欲しいモノって出てきます。街を歩いてもネットを見ても新しい商品の情報が入ってくる時代です。ついつい買ってしまう時もある。そんな時に自分を「ダメなやつだ！」って責めるのはちょっと違うと思うんです。冷静に考えれば、自分はいつからそんなにストイックで物欲を捨てた聖人のような存在になったのでしょう？　たぶん、片づけで沢山捨てていくうちに自分を過大評価しちゃったのだと思います。「私なら物欲を制御できて当然」って妙にプライドだけ高くなっちゃったり。私は、どんな時も「欲しい」という欲はあっていいと思うんです。世を捨てて悟りを開く修行中のお坊さんならまだしも、何かを成し遂げるためには、まず初めに「欲しい」という気持ちが必要です。平和を願うにしても、平和な時代なんて誰も欲しいと望まなければいつまで経っても平和になりません。だから欲を捨てるより、プライドを捨てた方がいいと思います。

ダメだダメだ…
物欲がどうしても
捨てられない…
恥ずかしい…
あああああ
こんなんじゃ
片づけやってます
なんて言えない…

何を
言うてんの？
アホなん？
そもそも
物欲なかったら
片づけるモノが
ないやんか

第5章

rely

頼る

どこまで頼るか

うーん…
どないしはったん?
実は、友達が片づけ手伝ってくれるらしいんだけど…
ハハ…
どこまで頼っていいものかなって
何か…
申し訳なくて…
自分が頼られた時に返せる範囲まででええんちゃう?
俺ばっか頼られて…
いつもいつもいつもゴメーン
もしかして都合のいい男なんじゃ…
頼られた分だけ返してもらえんと人ってどうしても相手との関係に不安を感じるから
それと同じでもらった分返せんと負い目を感じてしまうねん
私ばかり頼って…
あー!いいよ気にしなくて
嫌われてたらどうしよう…
だから頼るなら人手もお金も返せる分までがええと思うよ
うわぁ…
あるある

プロを頼る

疲れた…
らない
もう疲れた…
寝てる間に小人が現れて片づけておいて欲しい…
らない
そういう時はプロを頼ってもええんちゃう?
プロ?
ムクリ…
人に頼りたいと思うことは仕事になるんや
だから大抵はその道のプロがおるんよ☆
プロの仕事って素人からすると魔法みたいでびっくりするで
タダやないけどな
プロは有料の小人さんだと思えばええよ
誰に向かって言ってんの?

人に頼るメリット、デメリット

友達に手伝ってもらう

今日は友達にお片づけを手伝ってもらいました!
イェーイ
パンッ☆
手伝いました〜!
今日はヒマやわ
ガサガサ
お礼に御飯おごるよ
気にしないでいいよ〜
ポリ
パリ
それじゃ気が済まないよ〜
気にしないでいいよ〜
ガサ
ガサ
ポンッ
遠慮なくゴチになっておき
貸し借り少ない方が次も頼みやすいねん
一緒に行ったるから…

頼ることのメリット、デメリット
自分が気楽な方を選ぶ

メリットもデメリットも考え方次第

自分だけでは浮かばなかった発想や方法を知ることができる
何でも頼ると甘え癖がつかないかしら…
苦手なことを得意な人に頼むことで作業効率が上がる
でも、人に頼るのって気が引けるな…
人数が居れば作業分担できて心身の負担が減る
分担作業はどう指示すればいいんだろう…
気になる…

指示が苦手だと自分の思う結果にならないこともある
細かく伝えることで理想に近づくかもやで
人に甘える癖がついてしまう
甘えることで解決するなら甘えてもええんちゃう？
頼むことで気持ちの負担になってしまう
お友達より業者に頼む方が気い遣わんでええかもしれんよ
気にしたら
負けや!!

片づけは情報戦

古い携帯電話ってどう処分すればいいんだろう?
う〜ん…
携帯会社に持ち込んで回収してもらうか
ポチポチ
シュッ
個人情報消したら中古で売れるで
大きな家具とかどうやって動かすんだろう?
ぐおおお…
ブル
ブル
二人がかりで下に毛布しいて滑らすか
ポチポチ
シュッ
有料で模様替えやってくれる業者もおるで
すごいな〜そういうの詳しいね〜
スッ…
片づけは
情報戦や
片づけ 家具
大きな家具の動かし方
まず家具の下に

片づけに関する沢山の情報が溢れています。本やインターネットなど、昔と違ってお得で便利な情報が簡単に見られるようになりました。モノの捨て方も以前はゴミの収集場所の看板や役所の案内で確かめていたけれど、今は自治体のホームページやアプリでパッと見ることができます。信頼できる不用品回収業者を調べたり比較したり、中古品の買取業者を探すこともできますし、片づけそのものも全部自力でやらなくても専門の「片づけ業者」が居ます。今の時代、情報を知れば知るほど効率的に楽に片づけることができます。ただし、便利な情報はともかく、プロに頼ることに抵抗がある方はいると思います。でも、「片づけは自分でやるのが当然」というのも、思い込みや古い情報かもしれません。プロが居る時点で素人は勝てません。だからできないことは頼っていいと思います。便利なものを知っていても使わないってもったいないです。

便利な情報やお得な情報を頼るのはいいのだけど…
家のことでプロを雇うってお金がもったいないし贅沢じゃない？

逆にどこにお金かければ贅沢じゃないのん？
毎日帰る家が職場や学校よりキレイでくつろげて便利って最高やん

一人で抱えない

終わらない〜
終わらな…
ゴミ
ゴミ
ゴミ
ゴミ
ポロ…
ポンッ
頼って
ええんよ
片づけも悩みも
一人で抱え
なくてええよ
友達でも家族でも
業者でもなんでも
頼ればええねん…
一人で
抱えなくて
ええんよ
ぐす…

昔から「自分でやるべき」と言われて育ってきたことほど、一人で無理して抱えてしまう人が多いと思います。そういうことって弱音を吐きづらいというか、自分だけできないなんて甘えじゃないかって、人に相談できずにどんどん抱えてしまうんです。

だから、もし周りに頼れる人が居るなら、どんな小さなことでも頼っていいと思います。身近に居ないならお金を払ってプロを頼ってもいいです。それは恥ずかしいことでももったいないことでもありません。「絶対に自分の力だけでやるべきこと」なんて世の中には一つもないと思っています。できている人はたまたまできているか、運よく努力が形になっただけです。片づけなどは日常に近い分、子供の頃から繰り返す機会が多いので、一定の成果を出せる人の割合が多いだけです。できなくたって甘えじゃないし恥ずかしいことじゃありません。「偶然それに関して向いていないない」というだけです。努

なんで、できて当然のことが人並みにできないのかな…
みんなは普通にやっていることなのに…
できて当然のことなんて一つもないよ
人それぞれや
たまたまそれが得意な人が多いだけの話や

力で何かを成し遂げた人ほど、「努力すればできる」と言いたくなると思います。

たとえば私は執筆やデザインの仕事をしていますが、これに関しては自分でも頑張ってきたと自信を持って言えます。それでも、「向いている仕事」だから頑張れたのだと思うのです。なぜなら、誰でもできると言われた仕事を頼まれた時に、私にはそれが当たり前にできませんでした。このまま続けたら心を病むだろうと思ったし、当然のことができない自分を責めたりもしました。「努力すればできる」と聞く度に、ある種の呪いの言葉のようにも感じました。

だから、日常でも仕事でも片づけでも、できないことは無理して一人で抱えず人に頼っていいと思います。その代わり、自分は得意で人は苦手なものがあったらそちらを努力すれば人の役に立てると思います。努力も形にしやすいと思います。

できないのは努力が足りないからだって言われた…
もっともっと努力すれば絶対できるのに甘えだって…
努力すればなんでもできるなんて言葉は呪いやで…
ゴゴゴ…
それが本当ならおかーちゃんめっちゃ努力して世界征服して遊んで暮らすわ

第6章

renew

新しくする

古いモノを残すより…？

電気ポットを勧められるんだけど…
お湯を沸かして魔法瓶で保温しているの
トポ
トポ
そういうのもありやと思うよ
新しいポット買えって言わないの？
だって好きでそうしているんやろ？
うんこの方が落ち着くの
本人が不便じゃないなら別にええんよ
新しいモノに替えるのは今より良くするためやから…
今のまま落ち着くもんは無理に変えんでええんよ

片づけや引越しを機に新しいモノを買う人は多いと思います。私も前回の引越しの際に古くなった家電や部屋に合わない家具を、思い切って新調しました。とてもスッキリして使い勝手も良く新しい気持ちになりました。
でも、そんな中でも残しておきたい古いモノはあって、それは今も使っています。片づけは古いモノを捨てて新しく替えることではなく、決まりをつけて整えることです。新しくても不要なモノを買えばまた振り出しに戻るし、古くても必要なモノだけ揃っているなら、それは片づいています。

人生でも新天地で活動する度に古い交友関係を捨てるかといえば、そんなわけがありません。それを機に切りたい縁を置いてくることはありますが、大切な縁はきちんと残して、自分の居場所をより生きやすく整えていくのが人生の片づけだと思います。古い新しいは関係なく、何を残していくかが大事です。

新しいモノはワクワクするんだけど…
フー…
古いからこそ温かいというか…心が落ち着くものもあるよね

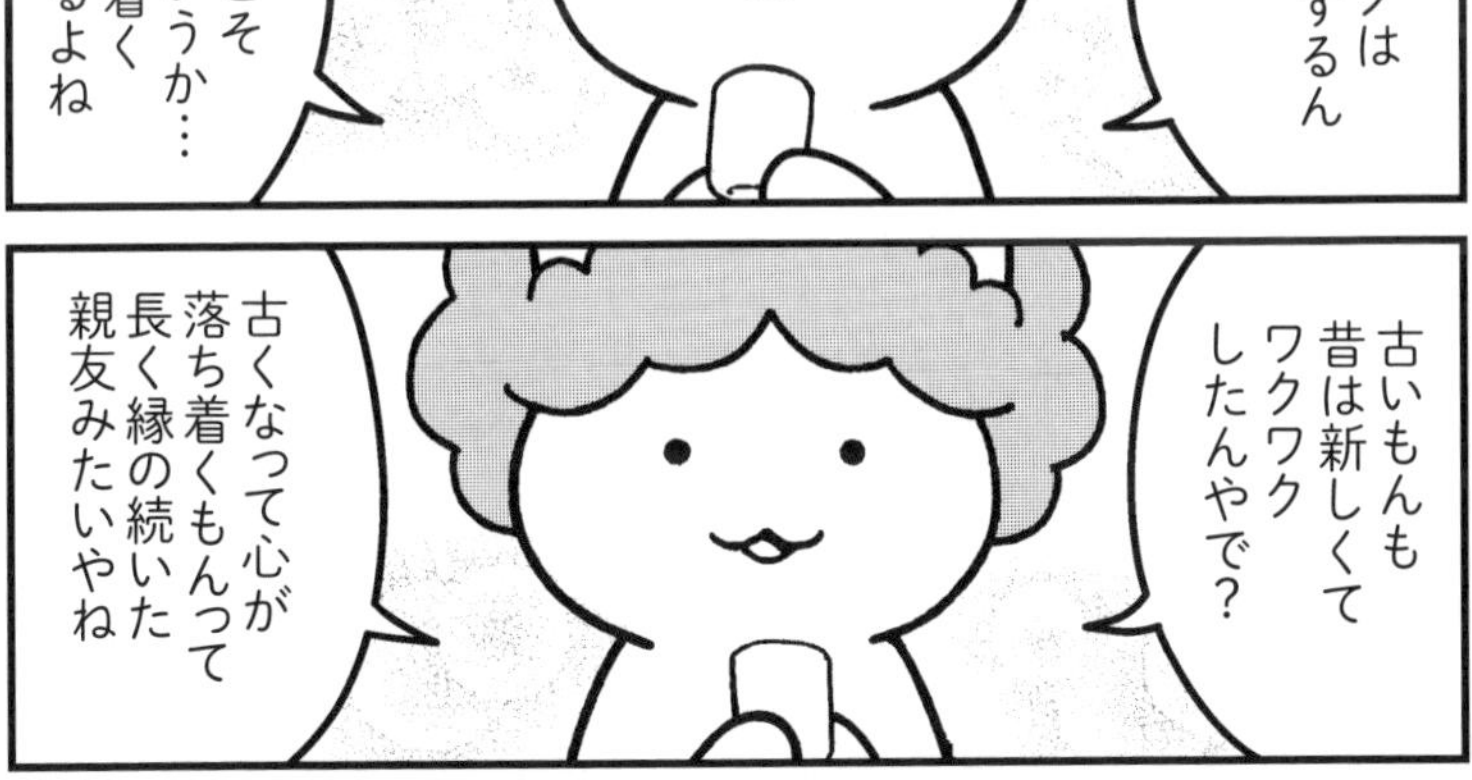
古いもんも昔は新しくてワクワクしたんやで？
古くなって心が落ち着くもんって長く縁の続いた親友みたいやね

新しい出逢いは大事

新しいモノはワクワクするけれど…
古いモノとお別れするのは寂しいな…
でもな、人生振り返ってみ
子供の頃から何度も卒業を繰り返して…
その度に新しい出逢いや別れがあって…
おかーちゃん
おとーちゃん
マドンナ美しい…
モブ
モブ
誰？
それがなければ出逢えなかった人達も沢山おる…
一度も別れを経験しなければ今のあんたじゃないかもしれん
モノはいつか壊れるし人はいつか死ぬけれど…
あんたの人生の一部にちゃんと残っとるよ

新しいモノを使うと新しい気持ち

新しい方がいい時

ああああ…狙っていた型落ち特売品が売り切れた〜〜!
いやぁあぁあっっ
ボワッ
そんだったら一番新しい売れてるやつ買えばええやん
新しくて高いのはもったいないよ…自宅用だもん…
私しか使わない…
自分はええもん使うだけの価値があるって思った方がええよ
あの人は私にはもったいないからって言ってる間にいい人から売れていくように…
わりとマジで…
今、一番いいのを迷わず捕まえんと後で後悔するで!!

新しいモノを買うために

新しいモノって いざ買うとなると 勇気がいるよね
タブレット？
マック？
食べ物じゃないのかよ!!
ペッ
ハハ…
それは
はずかしい間違いやね
値段とか 使いこなせるか とか色々と 不安じゃやない？
モノに限らず 新しいもんや 新しいことに 手え出せん時は
何が妨《さまた》げに なってるかを 真剣に考えた 方がええで
「色々不安」で 済ませるから 解決せんのや
評判
不安!!
お値段
使い方
不安の 一つひとつに 理由があるねん
夢も欲しいもんも 手に入れるには 勇気もいるし 不安でいっぱいや
だからこそ 真剣に考えて 目標定めんと 手に入らんのや

衝動買いはしない

新製品よりも安くて機能の良さそうなセール品が…
ずいっっ
おおっ!!
ストップ!
新製品から目移りするほど良さそうで…
オ感!!
安いもんが残っているってなんや怪しない?
性格が良くて高収入のイケメンが合コンで余ってるようなもんやで?
ワケありかな?
あやしい…
本物の王子様はセールのワゴンやなくて白馬に乗っとるしな

最近は少し減りましたが、私もよく衝動買いをしていました。お金や収納スペースにものすごく余裕があるなら、買い物でストレスを発散する人もいるし否定はしませんが、大抵の場合は衝動買いしたモノには後悔が残ります。なぜ後悔するかといえば、読んで字のごとく「衝動的に欲しくなっただけ」だからです。だから衝動的にそれが欲しくなった理由を考えるとパターンが見えてきます。ストレスや病気が原因の場合は専門的な対処が必要ですが、たとえばものすごくお得に見えちゃったけれど実は違ったとか、既に似たモノを持っていたとか。やたら条件の良すぎるモノは疑ったり、持っているモノを把握したりするだけでも衝動買いは減ります。また、過去を振り返り「どんな時に、何を買って、結果どうなったか」を考えると、ある程度は気持ちにストップがかけられます。「あの人は今」みたいに思い出してみてはどうでしょう？

あんたが衝動でうっかり買ったアレコレ…
題して…「あのモノは今」
腹筋トレーニング器具
フラフープ
ストレッチポール
ヨガマット
ランニングウェア
ランニングシューズ
踏み台昇降の台
ダイエットチューブ
(in クローゼット)
あああああああああああああああああ…
ダイエット系多いな…

新しければいいわけじゃない

新しいモノってとてもワクワクします。けれど、なんでも新しければいいのかというと、そういうわけじゃありません。新しいモノはまだ使っていないから温かみがないし、汚したくないからすごく気を遣います。あまり新しいモノばかりに囲まれていると居心地が悪く感じることもあります。人間関係でいえば、出逢ったばかりの人と同じです。よく知らない人と二人きりになったら気を遣いますよね。それに対して古くからの友達や家族というのは、新しい出逢いのような刺激はないけれど安心感があります。バランス的には、新しいモノも古いモノもどちらも必要なのだと思います。古くて気に入っているモノを大事にして、これから大切にしていく予定の新しいモノを取り入れる。そうすると新旧問わず気に入ったモノだけが増えていきます。人の縁もそうやって厳選していくと、本当に大事な人だけが増えていくのだと思います。

部屋は新しくして
人間関係は
新旧問わずに…
欲ばり？
どっちも大事に
していきたいな…
新しいもんは
刺激になるし
古いもんは
安心できるし
刺激と安心
どっちもあると
気持ちのバランス
とりやすくて
ええと思うよ☆

昔より便利なモノ

長く使うのもありなら…
愛着あって…
新しく買おうと思った冷蔵庫や家電残すかな…
ええんちゃう？でも、あんた冷蔵庫何年目やっけ？
冷蔵庫は20年!!長持ちでしょ？
一人暮らしした頃からの相棒なの♪
ほんなら扇風機は？
扇風機も10年以上〜☆
えへへ♪長持ち〜
実はおかーちゃん一部の家電だけ定期的に新しくしとってな…
冷蔵庫は昔より倍ほど電気代がちゃうし…扇風機は発火の事故が多いねん…
まぁ、あんたが気にせんならええけど…
気になるよ…

乗り換え時

10年以上前の家電は新調することにしました
火事怖い… 原稿も燃えちゃう…
「古い・家電・火災」で検索したら怖かった…
あんたデジタル作家やん…
人もモノも離れ時があるしこればっかりはしゃあないわ…
サーーーッ
お財布が痛いしもったいないとは思うけどね…
ハァー…
高いもんの買い替えはもったいないと思うかもやけど…
大事にしてきたのに…
子供の頃に高い月謝払って今は使わへんもんあるやん？
パチパチパチ…
ごはさんでねがいましてはー
そろばんとか今の子はやらんやろ？
今までかけたお金や時間を思うとどんなもんでももったいないねん…
でもな、それで古いまんまでいたら残りの人生の方がもったいないで

新しい暮らし

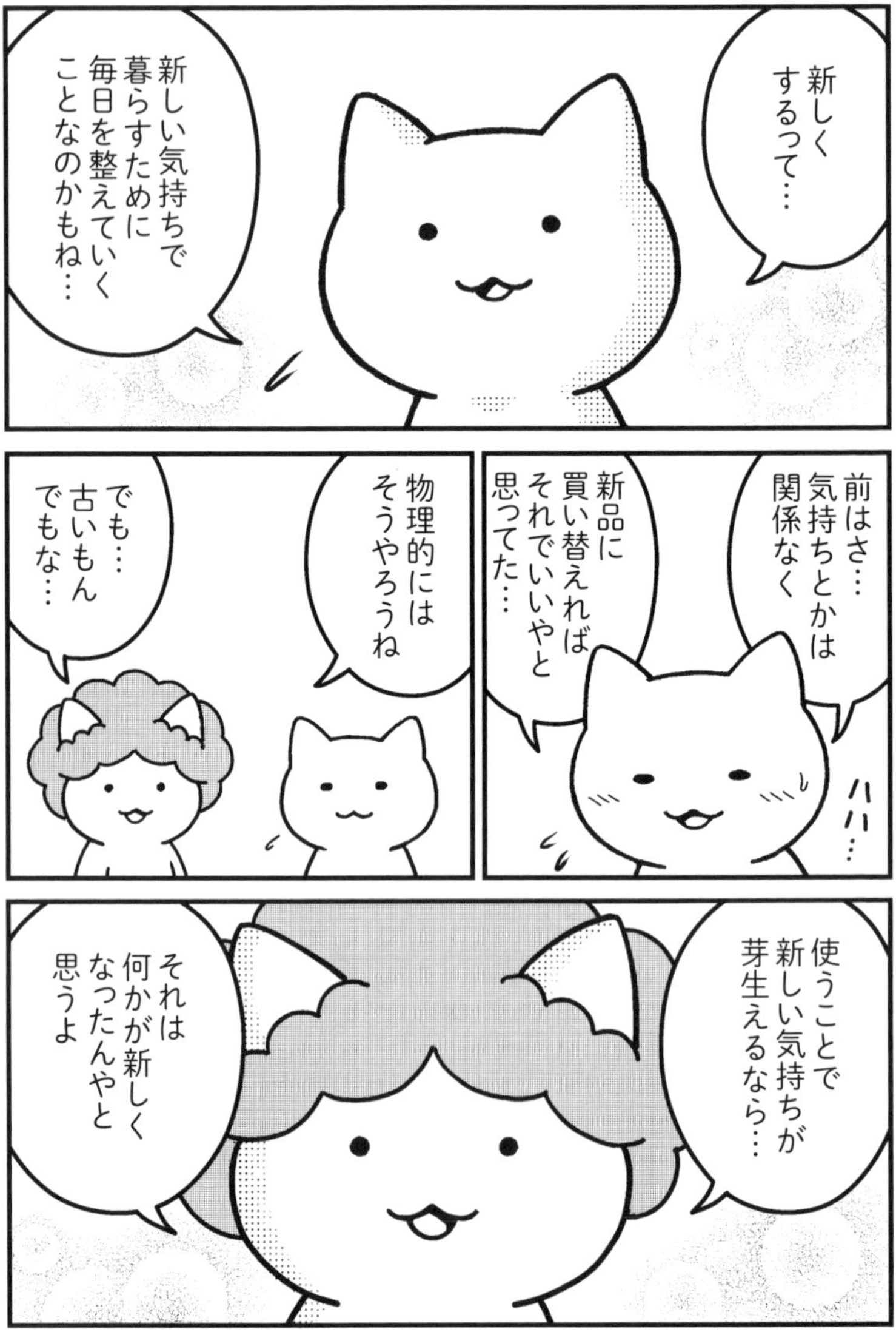
新しくするって…
新しい気持ちで暮らすために毎日を整えていくことなのかもね…
前はさ…気持ちとかは関係なく
新品に買い替えればそれでいいやと思ってた…
ハハ…
物理的にはそうやろうね
でも…古いもんでもな…
使うことで新しい気持ちが芽生えるなら…
それは何かが新しくなったんやと思うよ

片づけをして部屋がキレイになってくると、「これから新しい暮らしが始まるんだ」って前向きな気分になります。なんの根拠もないのだけれど、新学期や入学式でそう思うように「新しくなったぞ」という思いは気持ちを上向きにしてくれるから不思議です。

よく自分を変えたければ下手な努力より環境を変えるのが手っ取り早いと言いますが、これも同じだと思います。そういう意味では片づけというのは、引越したり遠くまで行ったりしなくても簡単に新しさを感じることができるので便利です。新しいモノを買わなくてもいいんです。

次章で取り上げる「磨く」ことでもモノは新しく感じることができます。茶渋のついたマグカップをアクリルたわしでこすって新品同様に磨いたら、今までの愛着に加えて新しさも感じられます。さらにその輝きを取り戻したのが自分だと思うと、かなり気分良くなれるのではないでしょうか？

新しいモノとの出逢いは…
パリポリ
いつだって気持ちを上向きにしてくれる…
NEW!!
また、新製品食うとる…
体重が上向きに……!!

これって、モノだけじゃなく人にも言えると思うんです。古くからの知り合いでも新しさを感じることはあります。より深くお互いのことがわかった瞬間とか、自分を磨いたり相手が成長したことで、今までとは違う新しい一面が見えた時とか。そうすると古い付き合いでも新しい関係に変わったりします。少しドラマチックに言うと、幼なじみを異性として意識した瞬間とか、チャラかった子が結婚して子供が生まれたらしっかり者になったとか。そういうことってないでしょうか？　人もモノと同じく、新しい出逢いばかりを求めなくても、今ある人間関係の中で新しさを感じる機会は沢山あるんです。私は新しくするって、何かをきっかけに「新しい気持ちが芽生える」ことだと思います。新しいモノや場所や人を探さなくても、自分次第で既にあるモノの中に新しさを見つけることができます。青い鳥のように、探しに行かなくても「すぐ近くにある」のだと思います。

でも…
新しいモノじゃなくても…
モキュモキュ
NYASUDO
古くからある…
だからこその安心感…！

ロングセラー商品も食うとる…
古い脂肪の上に新しい脂肪が…

第7章

polish

磨く

本来の美しさ

う～ん…茶渋が取れない…
ちょい貸してみ
家にある塩カップに入れてな…
キュッ
キュッ
水を含ませたスポンジでこすると…
お～！キレイ！他のカップもやってみよう～
新品みたい!!
キラッ
せやろ?
どんなもんも手入れ次第で磨けば光るんや
モノだけでなく人だってちゃんと磨いてやれば…
何度汚れても輝くことができるんやで…
ねぇ本当にカタギのねこ？

ずっと使う器

モノは磨けばキレイになるからいいよね～
キレイになりたい
ハー…
キュ
キュ
何を言うてんの？
人やって磨けばキレイになるやないの
だって自分は磨いたって限度があるし…
フッ…
そんなん先のことはわからんで
たとえば菓子缶をゴミだと思う人もいれば…
NEKOMADOU
缶が欲しくて買って宝物入れる人もおるんや
持って生まれた器《うつわ》は死ぬまで変えられへん
でもな…
その器をゴミにするか宝箱にするかはあんた次第やで

自分を大事に

仕事終わらない…今日はもう徹夜するか…
フニャ〜…
ちゃんと休んだ方がええで〜
そんなこと言ってもさ〜…終わらないんじゃ仕方ないじゃん
アーウー…
仕事しなきゃお金もらえないし生活できないもん〜…
そんなら健康だけは気をつけてな
無理しすぎて仕事できなくなったら元も子もないで
モノも仕事も替えられる…でも身体は一点物や
一度壊したら交換できんこと忘れんでな

昔からあったのかもしれませんが、最近よく過労死の話題を聞くようになりました。そこまでいかなくても身体を壊したり心を病んでしまったり、他のものなら大事にできるのに自分は大事にできないという人が増えている気がします。

モノがないと不便だけれど、モノは修理したり買い替えたりすることができます。仕事がないと生活できないけれど、身体を壊したらその仕事自体ができなくなります。そしてモノも仕事も別のものに替えることができるけれど、身体は替えがありません。完全な一点物です。壊して治らなくなってしまってからでは遅いです。

モノを良い状態に保つためには、長持ちするように手入れしたり磨いたりします。身体も長持ちするよう健康状態を管理したり、自分を磨くことに時間を使えば、より良い状態で毎日の生活を送ることができます。この世でたった一人の自分を大事にしてください。

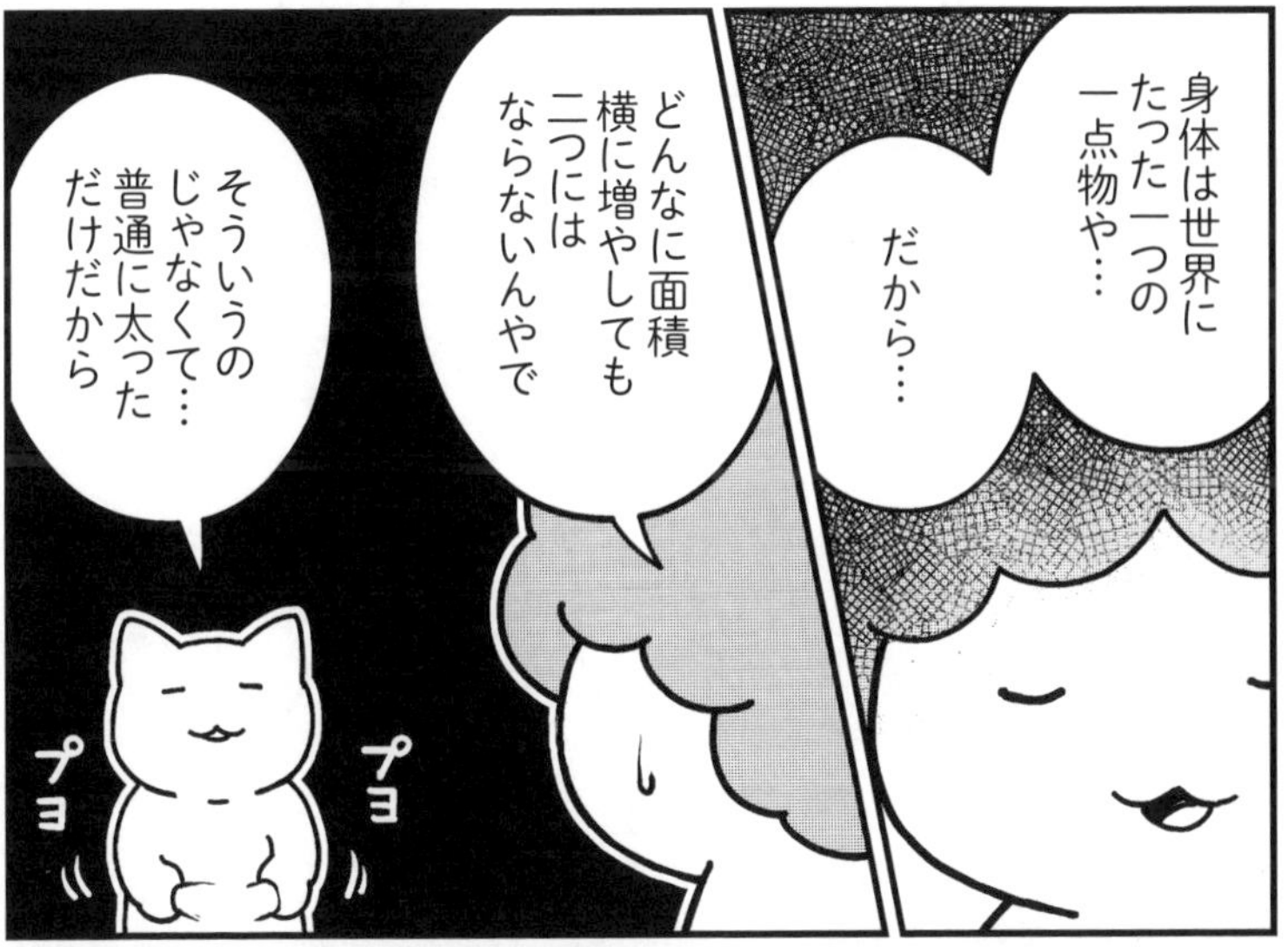
身体は世界にたった一つの一点物や…
だから…
どんなに面積横に増やしても二つにはならないんやで
そういうのじゃなくて…普通に太っただけだから
プヨ
プヨ

磨かなければくすんでしまう

新しいモノも古いモノも、キレイに維持していくためには手入れをしなければなりません。どんなにピカピカだったモノも半年も放置すればホコリを被り、1年も経てば劣化していきます。それでも機能として使うことはできますが、そのままでは買った時のようなワクワクした気持ちは感じられないと思います。モノに限らず生き方だってそうです。自分を磨くことを忘れても生きてはいけますが、憧れていたキラキラした人生とは程遠くなっていくと思います。人によってはそれが色がくすんだように感じるかもしれません。

でも、モノを磨けば再び輝きだすように、人生も自分を磨けば再び輝き始めます。今からじゃ遅いと思う人もいるかもしれません。だからこそ始めるのが早ければ早いほど、残りの人生を楽しむ時間が増えていきます。仕事や趣味を極めてもいいし、特別なことをしなくても、自分を労《いた》わることだって磨くことだと思います。

モノはともかく自分を磨けと言われても…
何から始めていいかわからないよ…
特別なことはせんでも体調管理だって自分磨きや…
遊んだり休んだりして身体を整えてもええと思うよ

磨くのは輝きを維持したり取り戻すためです。モノを買った時の状態のまま長く保てば、新しい気持ちを長く持ち続けることができます。また、古いモノを磨けばその輝きを取り戻したことに対して自信が生まれます。自分を磨けば宝石のような才能も隠れているかもしれません。いずれにせよ、磨かなければ出逢えない結果です。よく「私なんて元が○○だから磨いたって仕方ない」と始める前にあきらめてしまう人がいますが、それはもったいないし、自信がないようでいて、とても自信過剰だと思います。未来に起こることは誰にもわかりません。わかるとすれば神様くらいです。それを否定できるのは、神をも恐れぬかなりの自信家です。むしろこういうことほど「未来はわからないし…」と、自信のなさを発揮して可能性に賭けて欲しいです。未来なんて数秒先さえ予測できません。生きている限り賭けの連続です。自分を磨いてどこまで輝くかに賭けたっていいと思います。

第 8 章

maintain

維持する

維持する

雑誌のキレイな部屋とは違うけれど…
フー…
自分なりに落ち着く部屋になったなぁ…
自分なりにが今の状態を維持しやすくてええんよ
他人にとっての「キレイな部屋」を真似しても…
自分にとって住み心地が悪いと結局長くは維持できないねん
人を呼べる部屋
○○みたいな部屋
その前に…
自分が住む部屋や
オトン…
これはこれで楽しいねん
そうじのジャマー
誰かみたいな生き方続けるのはつらいし長くは続かんもんやで

部屋がキレイになったらゴールではありません。それを維持して続けていくのが本当のゴールです。だからこそ思うのですが、部屋は人のルールで作るより自分のルールで作った方が長くその状態を維持できると思います。心とすごく絡んだ部分なのですが、たとえば「これさえ守ればキレイな部屋」とか「これさえやれば魅力的な人」みたいな本を読んでその通りに続けるのって、自分に合っていないと相当しんどいと思うんです。今それをやっていないなら、その時点で本能では「自分とは合わない」ことがわかっているんだと思います。それに人って「これを守れ」と他人ルールを押し付けられるとそれだけでモチベーションが下がります。だから自分なりに良い状態を保つのがベストだと思います。もちろん、自分から「こうしたい」と思った時に、新しいルールを取り入れるのは良いと思います。自分が長く今の状態を続けたいと思うことが大事です。

無駄なモノを買わない

昨日ね～
衝動買いする
手前でちゃんと
止められたの～
ドーナツ買お…あっ!!
家にもらった
ドーナツ8コ
あるんだった!!
えらい!!
ええ感じ
やん☆
それでも
8コも
あるねんな
無駄なもんを
買う手前で
止めることを
繰り返すうちに…
ねえコレ
またタダで
描いてよ
断わる!!
自分に
いらんもんを
断わることが
習慣になるねん
ネガティヴな
こととかも
考えないように
やめていこうかな
今なら
できそう
繰り返せば
きっと習慣に
できるから
頑張りや!
グッ
ついでに
間食もやめると
痩せられるん
やけどな…

モノの所定の位置を決める

ペンは使ったら元のペン立てに戻す…と
所定の位置を決めとくだけで散らからんもんやろ？
うん！場所が決まっているとホッとする
モノの位置が決まってると安心するみたいに…
山!!
つかれたら自然のあるとこ行くとか
ストレスも発散する方法を決めとくと気が楽やで☆
どこに置こうかわからんのって問題への対処法がわからんことと一緒やねん
スッキリ…
ハハハ…
何を食べると太るかもわかっていれば安心なのにな…

ストックしすぎない

前よりモノを溜めなくなったよ本も電子書籍と半々にしたり…
置けなくてガマンしてた本も買えるように…
NYAN DOL
アプリはレシピとか見るのにええな〜
モノの数と場所がわかってれば難しく考えんでもええんよ
まぁ…当然といえば当然のことなんだけど…
溜め込まずに数を制限すると片づけるのかなり楽だね
悩みなんかも同じやで
溜め込みすぎず少ないうちなら片づけるのが楽なんや

いつでも人を呼べる部屋

自分なりに片づいてるのはいいんだけど…
人を呼ぶとなるとこれでいいのかな…?
それな…
普段、素を隠して人前でええカッコしてると…見られたくないねん
ハッ…
親とか兄弟とかごく親しい間柄なら悩まずに呼べるやろ?
本当だ…自分のこと隠そうとしてた…
…というわけで素も見せられないような奴は部屋に入れたらアカン!!
そっちですか…
誰でも入れたらアカンよ!!
ぶっちゃけ外面《そとづら》は必要やで素も部屋も親しい人にだけ見せればええよ

ゴミじゃ死なない

キレイな部屋を維持していくために…
バッ
毎日しっかり掃除するぞ～
…
1日目
うおーー!!
2日目
おー…
3日目
うおー…
パタパタ
あのな
ポンッ
たまにさぼっても部屋はそんなに散らからんよ
どんなことも厳しくしすぎると続かないし嫌になるんや…
ゴミじゃあ死なへんよ!!
もっと自分に優しくしたってや

人の評価を気にしない

ねえねえ…唐突だけど私の部屋…
50点…くらい？
採点するとしたら…百点満点中何点くらい？
10点
ニ゛ャアア
冗談はさておきなんでそんなん気にしてんの？
気になって…
よくメディアでお部屋採点とかしてるから…
あんなぁ…よく飲食店のレビューとかあるやろ？
14位 ねこラーメン（ラーメン）
★★★☆☆ 3.2
予算～¥600～
普通においしいけど普通だから☆3です。
15位 にゃんつっ亭（ラーメン）
★★★☆☆ 3.0
予算～¥700～
あんたよく見とるやん
行きつけの店が低評価の時にあんた…どう思う？
あれは☆5だろ？
ありえねぇ…
あてにならねぇ
人の評価より自分の採点を信じた方が得やで

続けていくために

片づけを続けていくために大事なことって何かな？
片づけに限ったことやないんやけど…
何かを続けていく方法があるとしたら…
それこそ習慣になるまで続けていくしかないねん
おとーちゃん？梅田の地下におるあっ!!
プツン
充電しとこ…
携帯電話をなんとなく充電するやろ？切れたら不便やから習慣でそうするんや
無理しても続くけれど…つらいこともセットで続けることになる
自分のために続けていきたいと思うことは勝手に続くんよ

片づけに限ったことではありませんが、よく「どうしたら続けていけますか？」と聞かれることがあります。本を読んだりネットで調べると色々な方法が載っています。短期間だけ続けて延長するとか、習慣化するために少しずつハードルを上げるとか、明確なゴールやご褒美を設定し続けるとか。長く続けていくためには、はじめは短くてもいいので、少しずつ習慣化するのがいいようです。正直に言うと、私も「続けるため」にはそれしかないと思います。ただ、いつも思うのですが、「続ける」ってそんなに大事なことでしょうか？　正確に言うと、「ただ続ける」のが大事でしょうか？たとえば「おやつがやめられない」などの悪い習慣は簡単に続きます。でも、それが「おやつをやめる」だと難しくなっちゃう。やっていることは同じです。続けているだけ。たぶん答えは簡単で、気持ちのいいことは続くけれど嫌なことは続けたくないのだと思います。

太ったからダイエットをしようと思う
ヤバい…
マジヤバい…
今日から厳しくおやつを食べない生活を続けるつもり…
まず、おやつをやめれば本当に痩せるか短期間試してみたら？
原因が別かも？
闇雲に長く続けても結果が出るとは限らんで

そう思うと、たとえ習慣にしても嫌なことって続かないと思うんです。そこで「続けたい理由」をもっと掘り下げてみてはどうでしょう？　たとえば「おやつをやめる」なら、なぜやめなければいけないのか？　幸福度を満たす点で考えたら食べた方がいいに決まっています。でもおやつだと「太る・病気」など、続けると困る問題が出てきます。でも、やめたら食べ続けるより幸せになれるか？　この答えが曖昧《あいまい》だと「俺は好きなもの食って死ぬ」などの選択を選ぶ人も出てきます。たとえば「やめる」ではなく「太らない・病気になりにくい食べ方」があればどうでしょう？　糖質制限なら砂糖をラカントに、カロリー制限ならこんにゃく食など、やめるのではなく「変える」ことで同じ結果が得られるなら、続けたくなりませんか？　どんなことも嫌になるのはストイックにやりすぎた時です。厳しく制限するより、同じ結果に辿り着く別の方法を探すと、続きやすいと思います。

英語が好きになれないから毎日一単語覚えようかと…
ぶっちゃけ…苦手だから
続けるコトでなんとかなって欲しい…
続けていけばなんでも続くって言っていたよね？

続くけど好きになったり結果が出るかはまた別の話や
おかーちゃんは毎日やらされた嫌いな教科は今も嫌いやし

第9章

Clear up my mind

心のお片づけ

小さいモノから

今は片づいているけど…また散らかったらどうしよう?
その時は…小さいモノから片づければええよ
小さいモノは一人で持てるし楽に片づけられるけど…
ヒョイ
ヒョイ
サッ
ゴミ
大きいモノは一人じゃ動かせへんやろ?
グキッ
あ゛ー…
うん
うん
悩みなんかも一緒でな…小さい悩みなら一人で越えられる
でも大きいと一人では越えられないんや…だから そういう時は頼らんとアカンよ

モノを片づける時は、まずは自分で持てる範囲の小さいモノから始め、それでも持てない時は誰かに手伝ってもらうと思います。モノであれば大きさも見た目でわかり重さもあるのでわかりやすいけれど、悩みになるとなかなかそれができない人が多いみたいです。

一人でなんとかしないとって思うのは責任感があってとても立派だと思います。でも、本当に抱えきれない大きさの悩みは一人で抱えない方が良いと思うのです。大きいモノを無理に一人で運べば怪我をするように、抱えきれない悩みを一人で対処しようとすれば心に傷を負うこともあります。

頼る人がいない時やプロに頼る予算がない時もあると思います。そういう時は「手放す」のも手です。怪我をするくらいならはじめから持たないのも一つの選択です。本気で手放せないモノは人生の中では数少ないです。自分を大事に。一人で立ち向かわなくてもいいんです。

ブラックな仕事してた時に周りに頼れず一人で抱えてたら身体を壊してね
今だから笑い話だけど…
持つのをやめる選択をしないと危ないこともあるんだって思ったよ…

心も身体も壊れるまでやる価値があることは本当はそんなにないんや…
一人で持てんモノまで無理に持たなくてええんよ

小さいモノも増えれば大きくなる

片づけも悩みも少ないうちであれば一人でなんとかできます。毎日のゴミ捨てで対処可能なゴミや、小一時間で片づく程度の散らかし方は、悩みでいえば自分の考え方や捉え方次第で心を変えられる時です。これを放置しておくと心を病んだり、自分では手に負えないほど大きな問題に膨れ上がってしまったり。そうなると、友達や家族や、それでもダメならプロの手を借りないと問題解決できなくなります。片づけでいえば汚部屋くらい散らかると、もう一人ではどうにもならないですよね。だから何事も小さいうちや数が増える前になんとかした方がいいです。「これくらい」や「まだ」のうちになんとかしてしまえばそれ以上先には進みません。でも、数が増えて溜まれば簡単に解決できなくなります。1匹の蜂が偵察に来た時に追い払えば怖くないけれど、放っておくと巣を作ってしまうのと一緒です。小さくても油断大敵です。

小さいものほど目立たないから後に回しちゃうんだよね〜…
ハハハ…
小さい問題をなめて放置すると後で痛い目みるで
蜂に巣作られるみたいに…自分じゃどうにもならなくなるで
スッ…
もう蜂はいいよ

小さいうちに片づける

増える前に片づける

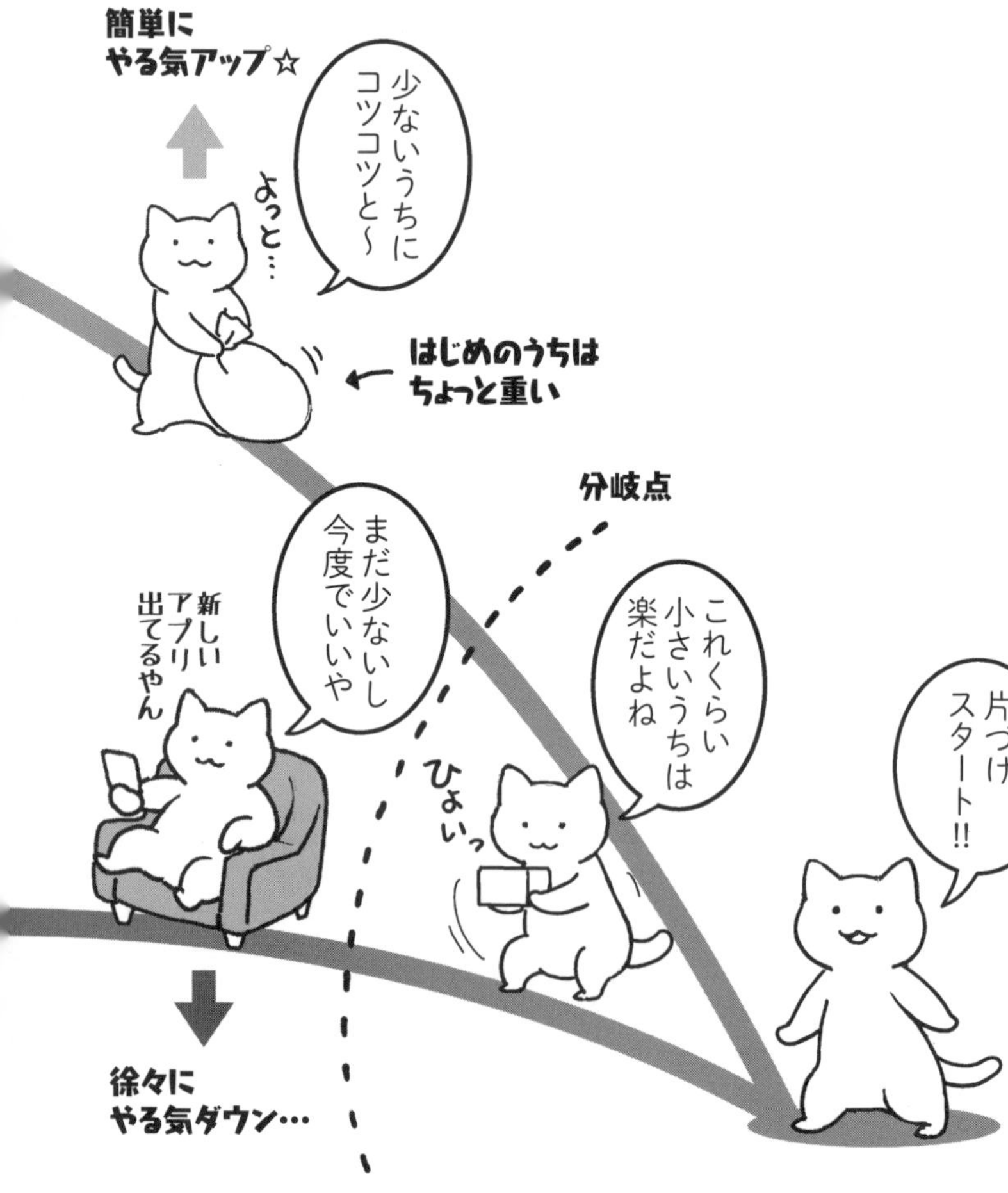

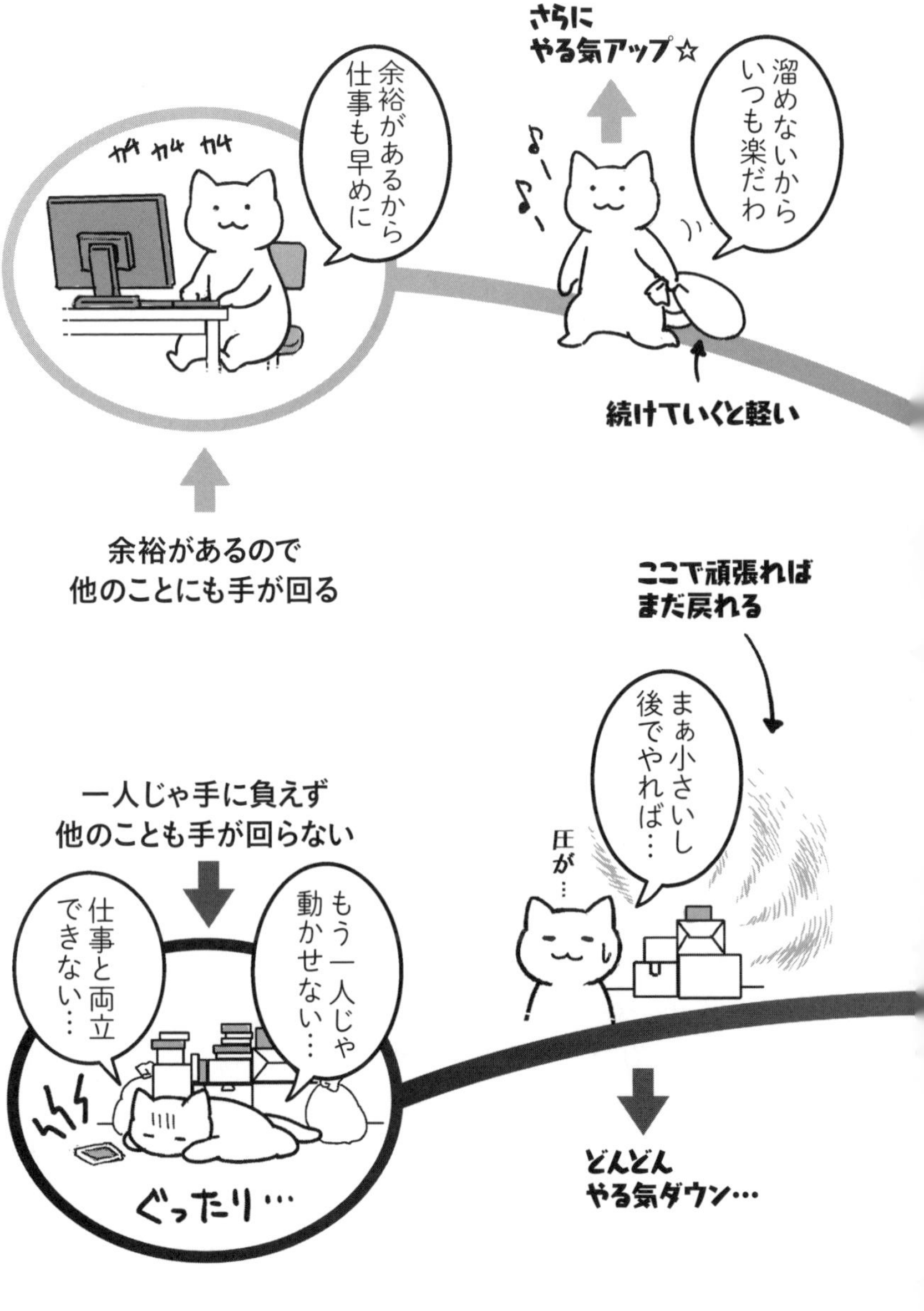
さらに
やる気アップ☆
余裕があるから仕事も早めに
溜めないからいつも楽だわ
続けていくと軽い
余裕があるので
他のことにも手が回る
ここで頑張れば
まだ戻れる
まぁ小さいし後でやれば…
圧が…
一人じゃ手に負えず
他のことも手が回らない
もう一人じゃ動かせない…
仕事と両立できない…
ぐったり…
どんどん
やる気ダウン…

自分がなりたい方に

学生の頃、先生に付き合う友達を選べって言われてそれが嫌でさ…
グレてても友達なのに…
あれって本人さえしっかりしてれば誰と付き合っても別に良くない？
まぁそうやけど否定も肯定もできんわ
えっつ!!
意外!!
たとえばあんた…選べるならいい人と悪い人どっちになりたい？
どっち？
そりゃあ…いい人だよ
えらべるなら…
じゃあ…いいことした時にどっちが素直に喜んでくれると思う？
えらい!!
え？何？自慢？
ムッ
いい人の方だろうね…
うーん…
なりたい自分に近い人といた方が気兼ねなく全力で頑張れるんよ
愚痴ばっかり言う人達の中でいいことした話ってしにくいやろ？
どんな友達選んでもええけど…自分がなりたい人と一緒にいた方が毎日は楽やと思うよ
好きにえらべばええよ

欲しいモノを買おうとした時に、既にそれを使っている人に「それはやめた方がいいよ」と言われることがあります。

モノであれば冷静に「なんで？」と理由を聞いて購入を検討することも多いのですが、これが人間関係になると冷静になれないことも多いのではないでしょうか？　自分が良かれと思って付き合っている友人や恋人を「悪い人だからやめた方がいいよ」と言われたら、カチンとくると思います。でもあえて冷静に考えると、その時に気をつけるべき人は本当にいて、言われた相手か忠告した人のどちらかです。悪い人って大抵は「自分にとって悪い人」です。

だから自分がどちらの人と一緒にいた時に頑張れたり、笑えたり、前向きになれたりするかで決めていいと思います。特に自分の成功を心から喜んでくれる人は貴重です。自分がなりたい自分でいられる人と一緒にいるのが良いと思います。

最近忙しいけど ずっと憧れてきた 仕事ができそう だから頑張る!!
…
わーっ
身体だけ 気をつけて 頑張ってね!! 応援する!!
無責任に 応援する人って いるよね…
ああいう奴は 気をつけた 方がいいよ…
ヒソ…
君にはもっと 気をつける けどな…

現実を見る

片づけたはずがまた床にモノが…
ああ…また箱が増えて…
なぜだ…
あんたが散らかしたからやで
キッパリ
減らしたはずの本がまた増えている…
ああ…また積んで…
なぜだ…
あんたが考えなしに買ったからやで
キッパリ
なぜだ…
悩むトコとちゃうで
現実見なはれ

気がつくとまた悪習を繰り返していることがあります。一度で完璧に直ったらみんな苦労しませんよね（苦笑）。でも現実をしっかりと見ないといけません。悪い習慣をやめて良い習慣を維持していくのってとても大変です。だから続けるのが苦手な場合は、まずは小さいことからチャレンジしてみるといいと思います。たとえば、毎朝起きたらサプリメントを飲むとか、寝る前に白湯を飲むとか、そういうのも習慣です。パターンを継続する癖をつけるのがいいと思います。片づけでも「モノを置かない」場所を決めて一つ守れたらその場所を増やしたり。いつも愚痴ばかり言っちゃうなら、上限を決めて数を減らしていくとか。何年かけてもいいし何年もやれば身体が覚えるようになります。歯磨きとか一人でトイレを使うとか、今は当然のことも子供の頃の自分が時間をかけて習慣にしたのですから。続ければきっとなんとかなります。

体重が2キロ増えてる…
うそっ!! 私の体重…重すぎ!!
なぜだ…!?
キュッパリ
だから現実見なはれ

怪我する前に片づける

SNSは怖いねぇ 本当のことは当事者にしかわからないのに…
悪くないのにかわいそう…
なんで憶測で親の仇《かたき》みたいに叩けるんだろ…
たまにそういうねじ曲がった子もおるなぁ〜
片づけという意味でいえば…曲がったネジは危ないやん？
ねじ曲がった人も危ないやろね…片づけんと怪我するよなぁ…
ダーク オカーン
か…片づける？
ダラダラ
別にいてまえいう意味やないよ〜ブロックとかなんや色々あるんやろ？
イヤやわー
怪我しそうなモノは怪我する前に片づけた方がええってことや
おかーちゃんカタギのねこやで

「が」か「に」の違い

調子がいい人は嫉妬で叩かれると忠告されたけど…
まいるわー
モヤッ
そういうものなの?
どうしてもそれだけとは思えなくて…
あ〜…多分それ一文字ちゃうわ〜
頑張ってて調子が乗ってる人は応援されるもんやけど…
つけあがって調子に乗ってる奴は叩かれるんとちゃうかなぁ?
ダークオカーン2
「調子がいいから人に嫉妬されてる」なんて自分で言ってる奴やろ?
確かに…
そんなんうぬぼれもええとこやん
叩けば埃《ほこり》が出るようなことばかり言うから叩かれるんよ
パタパタ
ようホコリおちるわ〜

必要なら仕方ない

なんかさ休みの日でも何かをしてないと罪悪感を感じて…
さぼってる気がしてくるの…
ハハハ…
そんな時は語尾に「必要」って一言を足してみたらええよ☆
眠いけど起きて何かしなきゃ…
ムニャ…
ボンッ…
寝ててもええよ今は身体に必要やねん…
ゆっくり読書したいけど時間が…
ボンッ…
読んでええよインプットも必要やねん！
もう一つだけ食べたいな…
モグモグ
食べていいよきっと身体に必要なんだ…
栄養が…
必要なんだな…
それはアカンよ
肥えるで

自分に厳しい人って、頑張りすぎて自分に沢山のノルマや制約を課してしまうことがあります。自分が納得しているなら修行僧のように厳しく生きるのもいいけれど、それが悪化すると休んでいい時までうまく休めなくなったり、会社がブラックでも環境に逆らえなくなったりして、そのうちに心身を壊してしまうこともあります。これは昔、私が言われたことなのですが、そういう人は自分を許したり甘やかしたりする「練習」が必要だそうです。たとえば休日でまだ眠っていたい時やもっと本を読みたい時に、「必要なら仕方ない」と、本来サボりや甘えとして認識していたことを、自分に「必要なノルマ」として設定してみるのはどうでしょう？　私も、「健康管理も仕事のうち」「雑学を知ればコミュニケーションの幅が広がる」「観光することで話題が増える!!」…と置き換えることで、今では大分、休んだり遊んだりすることが自然にできるようになりました。

もっと仕事しなきゃ…
カリ カリ カリ カリ カリ
ゼェ ゼェ
ハァ…
遊んだり休んだりする暇なんて…
…

修行僧か
仕事をしながらミイラに
うわー いやー
そんなんしてたら仕事の姿勢のまま即身仏になるで

はじめはぎこちなかったし、週に2回は確実に実行しなければならない厳しいノルマでしたが、慣れてくると当たり前のように休めるようになりました。休んでしまうと今までのペースで仕事ができるか心配かもしれません。でも、休息を充分に取ると頭が冴えてくるというか、それまでは冷静に考えられなかったものを違った視点で見ることができたり、我慢していた仕事や環境に「これはおかしいな？」って気づくこともあります。自分に厳しくするのが好きでやっている人はそうは思わないんです。我慢してやっていたから「おかしい」と感じます。よく我慢するのも修行のうち、若い時の苦労は買ってでもしろなんていうけれど、修行したくない人もいるし苦労を買うなんてばかばかしいです。なるべくしてなった時は乗り越えなければいけませんが、車だって渋滞している道と空いている道があったら空いている方へ車線変更します。人生もそれでいいと思います。

初めは何もなかった

部屋を片づけて一番に思ったことだけど…
この部屋…こんなに広かったんだ…
モノ置く場所がない言うてたのになぁ～
フフ…
ハハハ…
引越してきた時は何もなかったやろ？
ひろーい
ひろい
くるくる
赤ん坊みたいにまっさらだったはずや
人生もまっさらなところから始まったんや
部屋と同じように片づけていけば心も広くなるんやないかな…

何を置きたい？

どないしたん？楽しそうやん？
部屋が片づいたから何置こうか考えていた～
置けないからガマンしてたやつ～!!
あ～…一番楽しくてワクワクする時やね
あとね何か新しく始めようかと思うんだ！
何でだろう？
ええやんええやん
心も片づくと新しいもん入れる余裕ができるんやで～♪

毎日楽しいしできるだけ笑っていこうと思うんだけど…
たまに…大事だった人やペットのことを思い出すんだ
いい大人なんだし…
こういう弱さこそ…片づけられたらいいのにね…
大人でいなきゃいけない時だけ片づけておけばええよ…
大事なもんも普段はしまって必要な時だけ取り出すやろ?
なんでもかんでもバッサリ捨てるのが大人やないで…
楽しい時に笑えるなら…たまに思い出して泣いてええんよ

うん…そうだね…そうする！
うちのこともたまに思い出して笑ったり泣いたりしたってな…
オカン…？

人生の中では沢山の出逢いや別れがあります。それが運命とはいえ、大切な者との別れはいつまでも心に大きな穴を空けることがあります。子供の頃は別れの度に何度も泣きましたが、大人になるにつれてあまり泣かなくなりました。それが大人になることだと自分に言い聞かせていました。そして、乗り越えるためには忘れていかなければいけないと思いました。でも、そう簡単に忘れられるわけがないんです。だから今はその気持ちを「片づける」ことにしています。忘れるのではなく、心に場所を決めてしまっておけばいいのだって。大人になると守るものが増えていきます。大人でいなければいけない時が必ずあります。また、悲しみを常に引きずっていたら日常を笑って暮らせません。だから心のお片づけが必要だと思いました。部屋を片づけるように、心も自分らしく整えて、少しでも楽な気持ちで毎日を過ごせますように。

オカーン!!
ありがとう!!
イマジナリーオカンや…
なんやー？どないしたん？
石焼き
どういたしましてやでー

あとがき

この度は本書をお手に取っていただきありがとうございます。
この本を手にしてくださったあなたと、応援してくださった皆様や仲間達と、出版の機会をくださった編集さんと出版社の方達に、まずはお礼を言わせてください。

今回の本は私にとって、2冊目の書籍です。1冊目の「あとがき」では、出版した本にまつわる不思議なご縁についてを書いたので、今回もご縁のお話を書こうと思います。

今だから笑い話として話せますが、実は、私が1冊目の本を出す予定だったのは、今回の本を出版したＰＨＰ研究所さんからでした。その本は当時の色々な事情により残念ながら出版中止となってしまいましたが、担当さんの一人がその後も作家活動を応援してくださり、いつかまたご縁があればＰＨＰ研究所さんから本を出したいと伝えていたんです。

そして前回の本が出版中止となったちょうど1年後くらいに、偶然にも、その件について知らない別の編集さんから、この本の執筆のお誘いをいただきました。

執筆をお受けするにあたり、一応、前回の件についてお伝えしました。
その上で、今回の本を安心して執筆できるようにと、とても誠実な対応をしていただき、おかげさまで無事に完成しました。

そんな事情で、私自身がこの本のおかげで当時の後悔の想いを捨てて、またPHP研究所さんと一緒にお仕事がしたいという想いも叶《かな》い、古いモノを捨てて新しいモノを部屋に置くように、自分の心のお片づけができたんです。

「あとがき」にこの件を書こうかどうかすごく悩みました。でも、世の中には説明できないような不思議なこともあり、一度諦《あきら》めたことでも本当にご縁があれば、またどこかでつながることもあるのだということを、お伝えしたいと思いました。

今回、この本をお手に取ってくださった方とも、不思議なご縁でつながったのだと思います。

そんなわけで、逢うべくして出逢う人がいるように、この本があなたにとって逢うべくして出逢った1冊となれますように。

マンガ・文
Jam（じゃむ）
ゲームグラフィックデザイナー。イラストレーター。漫画家。
日常で起こる人間関係の悩みを描いたマンガ「パフェねこシリーズ」がTwitterで累計50万以上リツイートされるほど話題になる。
座右の銘は「いつかはきっといつか」。
著書に『多分そいつ、今ごろパフェとか食ってるよ。』（サンクチュアリ出版）がある。

にゃんしゃりで心のお片づけ。

2019年8月6日　第1版第1刷発行
2019年9月11日　第1版第2刷発行

マンガ・文　Jam
発行者　後藤淳一
発行所　株式会社ＰＨＰ研究所
東京本部　〒135-8137　江東区豊洲5-6-52
第二制作部ビジネス課　☎03-3520-9619（編集）
普及部　☎03-3520-9630（販売）
京都本部　〒601-8411　京都市南区西九条北ノ内町11
PHP INTERFACE　https://www.php.co.jp/

制作協力
組版　株式会社PHPエディターズ・グループ
印刷所
製本所　図書印刷株式会社

ISBN978-4-569-84334-6